# 用する上での留意事項

## 法令の基準

本テキストは原則として、2022年4月1日時点の法令に基づいて編集しています。法令が変更され、テキストの内容に修正が必要な場合には、当協会のウェブサイト（プライベートバンカー資格＞プライマリーPB試験＞テキスト）にその内容を掲載します。

## 例題

プライマリーPBの試験は択一式で行われますが、読者の理解の確認と定着を図るため、例題では、内容に応じて○×式や、穴埋め形式、理由を問う形式などを採用しています。

## 「プライベートバンキング基礎知識体系」

「プライベートバンキング基礎知識体系」については、当協会ウェブサイト（プライベートバンカー資格＞資格を知る＞新スタディガイド＞プライベートバンキング基礎知識体系）をご覧ください。

## PB資格試験

当協会が提供するプライマリーPB資格の取得には、本書の各分冊を出題範囲とする3つ（3単位）の試験（四肢択一式のコンピューターによる試験＜CBT＞）に合格することが必要です。ただし、いずれかの試験に合格（単位を取得）すれば、名刺等にその特定の分野を修了した旨の表記をすることができます。

プライマリーPB資格や試験の詳細については、当協会ウェブサイト（プライベートバンカー資格＞資格を知る＞新スタディガイド）をご覧ください。

## セミナー等

当協会で開催しているPBセミナー、PB補完セミナーなどのセミナーの多くは動画化され、PB資格を有しない方でもご覧いただけます（原則有料）。PB資格保有者の継続学習教材であるため、本書が対象とするプライマリーPB資格試験の範囲を超えるものですが、本書で取り扱われている事項と実務との結

びつきを知る機会ともなります。特に、既にプライベートバンキング業務に携わっている方には、参考となることでしょう。

　詳しくは当協会ウェブサイト（プライベートバンカー資格＞セミナーとスクール）をご覧ください。

## 総合提案書の作り方

　なお、上級資格として提供しているシニアPB資格の試験では、顧客に対する体系的な提案書である総合提案書の作成を課しています。

　プライマリーPB資格試験のテキストである本書ではほとんど触れていませんので、関心のある方は、『顧客のための総合提案書の作り方〜事業・資産承継と運用に関する投資政策書入門〜』（編集：公益社団法人日本証券アナリスト協会、発行所：ときわ総合サービス株式会社）をご覧ください。同書は、シニアPB資格を目指す方だけでなく、広く実務でのスキルアップを目指す方にも参考にしていただけるものです。

# 目　次（第3分冊）

## 参考：目　次（全体）

# 第4編

# 事業の承継

# 第1章　事業価値源泉の把握と企業価値評価

## 第1節　事業価値源泉の把握

### 学習ポイント

- ●永続的な事業の成長のために、事業価値の源泉を把握することの意義を理解する。
- ●各種分析結果から顧客企業の事業ポジションを把握し、経営戦略を検討する重要性を理解する。
- ●SWOT分析（事業の内部・外部環境を強み、弱み、機会、脅威の観点から分析し、経営戦略を検討する手法）を理解する。
- ●5フォース（5つの競争要因による業界分析）、3C（顧客、競合先、自社分析）、PEST分析（政治、経済、社会、技術の観点からの外部環境分析）等、外部環境や内部環境を分析するツールについて概要を知る。
- ●ローカルベンチマークの活用方法を理解する。
- ●ファミリービジネスの知的資産は何かを把握し、次世代への引継ぎに必要なプロセスを理解する。
- ●経営者の属人的な知的資産は承継に特に時間がかかることを理解し、計画的な承継を促すことの重要性を理解する。
- ●顧客基盤・ブランド・信用・伝統・外部のネットワーク・データ・各種ノウハウ等、組織的知的資産を把握し、社内に認知・活用させる重要性を知る。
- ●経営の承継を経営者と後継者が共同で行う重要性を理解する。
- ●経営承継の手順として、社内体制の整備について理解する。
- ●イノベーションの重要性を理解する。
- ●個別事情に応じた後継者教育の方法について、事例を通じ理解する。

　事業承継の目的は、経営者の交代だけではなく、事業の長期的な存続と成長を実現することにある。事業承継者には、事業価値の源（付加価値を生み出す資源）を活用し、環境変化に適応することが求められる。

　本章では、ファミリービジネスの事業承継を通じた事業価値源泉の承継と革新的行動の創造プロセスについて説明する。

　最初に、事業を取り巻く経営環境や事業体を構成する経営資源（事業価値の源泉）を把握し、経営戦略を構想する戦略分析手法を学ぶ。ファミリーが持つ競争優位性の要素であるファミリネスなどファミリービジネス特有の経営資源（数世代にわたって蓄積される無形資産）についても理解を深める。

　次に、事業承継を通じたイノベーションの創造について考察する。長期的な事業存続には、イノベーションが不可欠である。事業の伝統（無形資産など）を継承しつつ、イノベーションを創発する組織的なプロセスについて理解を深める。

　最後に、事業承継の根幹である次世代経営者の育成について考察する。世代から世代への事業承継プロセスについて、現経営者の役割、後継者の課題、世代間の承継プロセスなどの観点から整理する。また、次期経営者を支える組織体制の構築について、経営戦略や経営管理の観点から整理する。

## 【1】　経営戦略

　事業を世代から世代へと承継するためには、**経営戦略**が必要である。経営戦略とは、将来的な事業の目標と現状との差異を埋める長期的な設計図のことである。時間経過とともに、事業を取り巻く経営環境は刻々と変化する。事業を長期的に営んでいくためには、変化する環境に適応していかねばならない。本項では、事業の承継に関連する経営戦略の概念について説明する。

図表4-1-1　経営戦略のイメージ

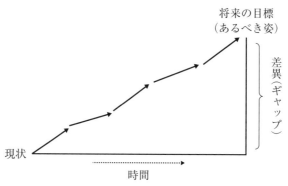

## 1　経営戦略の類型

　もともと戦略は軍事の分野の概念であったが、1960年代より経営学の分野でも議論されるようになった。比較的新しい経営学の分野で現代経営学の中心的テーマとなっている。

　経営戦略には、企業戦略、競争戦略、機能要素別戦略の３つのレベルが存在する。各戦略によって、目的、実行主体、対象などが異なる。

### (1)　企業戦略（全社戦略）

　**企業戦略**とは**全社戦略**とも呼ばれ、企業単体や企業グループ（ホールディングス含む）が対象となる戦略である。この戦略は、事業ドメイン（事業領域）の決定や経営資源の調達、配分など将来の成長展望に関わるものであり、例えば、総合家電メーカーの場合、持株本社が衰退事業部門に配分されていた予算を将来有望なAI事業部門に傾斜配分するようなケースである。

### (2)　競争戦略（事業戦略）

　**競争戦略**とは**事業戦略**とも呼ばれ、特定の事業部門において当面の競争相手に勝つための戦略であり、ライバル企業に勝つための戦略である。例えば、カップ麺の開発・製造部門でシェア２位の商品を生産する企業が、競争企業のシェア１位商品に追いつき、追い越すために競争戦略を立てるケースである。ライバル企業に勝つためには、競争優位を構築せねばならない。競争優位は、主に、差別化戦略、コストリーダーシップ戦略、集中戦略がある。なお、競争戦略の詳細は、本章第1節【3】「イノベーション」で取り上げる。

### (3)　機能要素別戦略

　機能要素別戦略とは、競争戦略を実行するための現場レベルでの職能（企画、

生産、販売、出荷物流、財務、人事、総務）ごとの戦略であり、例えば、「受注から納品までの工期を短縮して競争企業より優位に立つ」という事業戦略を実現するために、工場部門で生産機械の改良、生産工程の見直し、オペレーターの技能向上などの課題を分析し、改善策を立てるケースである。

## 2　オープンシステム

　企業活動は、様々な外部環境から影響を受けながら営まれ、事業内容や業種によってその影響は様々である。また企業は、環境から影響を受けるだけではなく、環境に対しても影響を与える存在でもある。例えば、企業が画期的な新技術を開発することで、技術革新が起こるかもしれないし、業界の競争が変化するかもしれない。このように、企業が環境から影響を受けるとともに環境に影響を与えるシステムであることを、**オープンシステム**と呼ぶ。反対に、企業は環境から影響を受けず環境に影響を与えないシステムであることを、クローズドシステムと呼ぶ。オープンシステムとしての企業組織は、外部環境との関わりがあるので、環境の変化に対して敏感でなければならない。

図表4-1-2　オープンシステムとしての企業

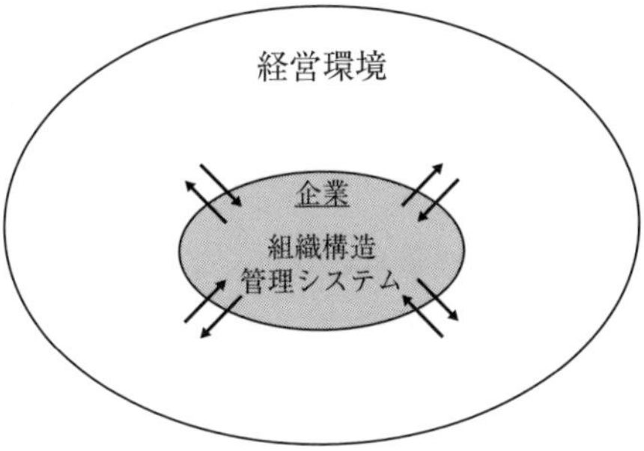

## 3　経営環境

　**経営環境**とは、企業を取り巻く外部環境要因のことであり、この要因には、**マクロ環境**と**ミクロ環境**がある。このうち、ミクロ環境とは主に業界を示し、企業活動は業界の特性に影響を受ける。

### (1)　マクロ環境

　マクロ環境とは、事業の外部環境のうち企業にとって統制不可能、つまり業界内の各企業とは無関係に起こっているものをいい、主に政治要因、経済要因、社会要因、技術要因がある。特に4つの要因を分析する方法を、各要因の英語

表記のイニシャルから**PEST分析**と呼ぶ。最近は、コロナなど感染症など自然
要因（N: Nature）も新たに考慮していかねばならない。これらの環境要因は、
多くの業界における経営活動に対して多大な影響を与えるものである。以下、
要因ごとに確認しておくことにしよう。

図表4-1-3　マクロ環境（PEST＋N）

| 種類 | 内容 | 具体例 |
|---|---|---|
| 政治（Politics） | 法改正、規制緩和、政権交代 | 消費税増税、補助金 |
| 経済（Economics） | 為替、物価、株価、金利、景気循環 | 円高、円安、デフレ、インフレ |
| 社会（Social） | 人口動態、文化、宗教、世論 | 少子高齢化 |
| 技術（Technology） | 技術革新 | AI、5G、IoT、脱炭素 |
| 自然（Nature） | 地震、台風、感染症 | 新型コロナ |

## (2) ミクロ環境（業界）

　企業は、提供する製品サービスなどによって、競争する場所が異なるが、当
該企業が競争する場所のことを業界という。例えば、住宅業界、自動車業界、
家電業界などがあげられる。業界の違いによって、企業にとって影響を受ける
程度（競合企業の質や数、顧客や仕入先の交渉力など）が異なる。なお、この
業界構造の内容は、ファイブ・フォース分析の部分で説明する。ミクロ環境は
企業の周辺の環境、マクロ環境はミクロ環境の外側にある環境と言える。

図表4-1-4　事業承継を難しくする経営環境の要素

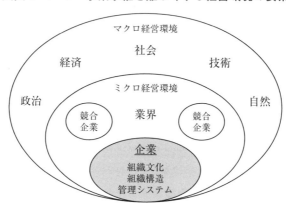

6

## 4　経営戦略の立案・分析手法

　経営戦略の立案とは、自社の将来的な事業の目標と現状との差異を埋めるべく長期的な経営の設計図を描くことである。具体的には、経営環境を読み、自社の経営資源を評価して、自社の進むべき方向性を定めることである。欧米のコンサルティング会社を中心に、いくつかの経営戦略のツールが提案されている。これらの枠組みは、立案だけではなく、なぜその経営戦略がうまくいくのかを分析するツールにもなる。

### (1)　3C分析

　企業（Company）、顧客（Customer）、競合企業（Competitor）の3つの観点から分析する手法である。企業の観点とは、外部の経営環境、自社のヒト、モノ、カネ、情報などの経営資源、ビジネスシステム、市場シェアなどを分析すること、顧客の観点とは、顧客ニーズ、顧客の購買行動などを分析すること、競合企業の観点とは、競合先の経営戦略や組織体制、経営資源、市場シェアなどを分析すること、である。

### (2)　SWOT分析

　SWOT分析は、3C分析と親和性が高い分析方法である。特に、自社を取り巻く経営環境の変化から生み出される機会や脅威、自社の経営資源や組織文化、ビジネスシステムなどの強みと弱みを分析する方法である。

　経営者や戦略部門は、SWOT分析や3C分析を行うことによって、事業の成功のための鍵を導き出す。

図表4-1-5　経営環境と自社の分析

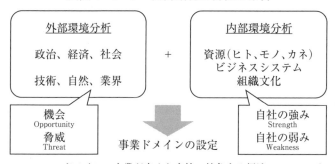

ドメイン：企業が定めた自社の競争する領域・フィールド

### (3)　ファイブ・フォース分析

　競争戦略論では、いかに魅力的な場所で戦うかを検討するツールがあり、そ

れが、**ファイブフォース分析**である。このモデルでは、業界構造を5つの脅威（競争要因）で分析する。

**図表4-1-6　ファイブフォース分析**

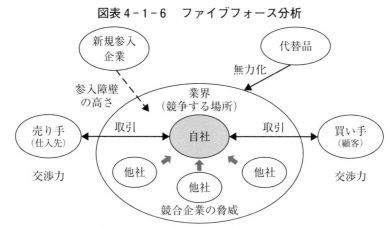

（出所）　Porter（1980）の記述（邦訳p. 18）を参考に筆者が加筆の上作成

　第一に、競合企業の脅威であり、業界における競合企業の数や質を示す。競合企業の数が多い、もしくは競争力が強い競合企業が存在する業界は、一般的に戦いにくい。一方、競合企業が少ない、もしくは競争力がある企業が少ない業界は、競争する場所としての魅力が高い。特に、業界内で競合先がひしめいている状況を**レッドオーシャン**と呼ぶ（反対を**ブルーオーシャン**と呼ぶ）。

　第二に、売り手の交渉力である。売り手とは、その業界の企業に対して原材料を供給する取引先のことを示す。例えば、自動車業界であれば、鉄鋼メーカーである。供給業者が少ない場合、その業者の取引交渉力は強くなるし、多い場合は反対に交渉力が弱くなる。なお、事業承継の支援局面では、いかに次世代経営者による供給業者との新たな関係構築をサポートできるかが重要となる。

　第三に、顧客の交渉力である。顧客とは、その業界の企業の顧客のことを示す。供給サイドよりも相対的に顧客が少ない場合、その顧客サイドの取引交渉力は強くなるし、多い場合は反対に顧客の交渉力が弱くなる。なお、事業承継の支援局面では、次世代経営者による顧客との関係構築をいかにサポートできるかが重要となる。

　第四に、新規参入の脅威である。これは、業界の外部に位置する企業が、その業界へ参入しやすいかどうかの程度を示す。例えば、自動車業界であれば、EV化に伴い家電メーカーが業界に参入してくることがあげられる。新規参入

が多くなれば、競合企業の数が増えてしまう。この業界への参入のしにくさのことを参入障壁という。

　第五に、代替品の脅威である。代替品とは、その業界の商品サービスが持つ機能を置き換えてしまうような商品サービスである。例えば、米国でT型フォード（自動車やその大量生産技術）の登場によって、馬車の機能を奪った事例である。つまり代替品の脅威とは、既存の商品サービスが代替品と置き換わってしまいやすさを示すとしている。

## 5　経営資源

　企業の経営には、**経営資源**が不可欠である。企業は、経営資源の束で構成されている。以下、経営資源の種類を確認しておく。

### (1)　人的経営資源

　技術者や販売員、企画スタッフなどの従業員を指す。広義の意味では、派遣社員やパート、アルバイトを含む場合がある。人的資源は、他の経営資源と異なり、個々が価値観を持ち、感情を持つ資源であり、マネジメントが難しい。単に優秀な技術者や企画スタッフを抱えているだけでは、企業は十分な経営成果を上げることができない。いかに、人的資源のモチベーションを高めて仕事をさせることができるかが重要なポイントとなる。

### (2)　物的経営資源

　企業が保有する設備（生産手段）および原材料のことを指す。設備には、工場や店舗、機械設備などがある。原材料については、最終製品を構成する部品や原料などがある。人的資源と同様に、単に工場や店舗を保有するだけでは、競合企業に対抗することができない。例えば、工場であれば、無駄を排除した生産工程を設計して製造できるか、店舗であれば、在庫ロスや販売機会ロスを排除する運営ができるかが、企業の競争優位につながる。

### (3)　資金的経営資源

　**資金的経営資源**とは、企業が保有する資金であり、投資の源泉となるものである。資金的資源の源泉は、自己資金の場合もあれば、融資や出資の場合もある。資金的資源は、企業活動を支える様々な取引の対価となるものであり、事業資産や企業の信用力の裏付けとなる。資金的資源は、人体で表すと血液であり、血行障害が人体に様々な健康上の問題を引き起こすように、資金的資源の流れが悪くなると企業活動の質や量が低下する。そのため資金的資源のマネジメントでは、調達（どこから資金を集めてくるか）や運用（調達資金をどの分

野の事業に投資するか）が差別化のポイントとなる。

### ⑷　情報的経営資源

　技術、ブランド、知的資産や顧客情報などを指す。情報的資源のことを見えざる資産と呼ぶことがある。情報的資源も他の資源と同様に、保有するだけではなく、上手にマネジメントしなければ企業は競争上の優位を発揮できない。例えば、企業が苦労して生み出した技術であっても、特許などの知的財産のマネジメントがなされていないと模倣されてしまう。同様に顧客情報なども企業の競争優位を生み出す源泉である一方、管理体制が甘いと顧客情報の漏洩などにつながり、むしろ企業の信用を失墜させてしまう。

## 6　経営資源の特徴

　経営資源には、いくつかの特徴が存在する。具体的には、「市場から調達可能」、もしくは「市場から調達困難」に分けることができる。

図表4-1-7　経営資源の特徴

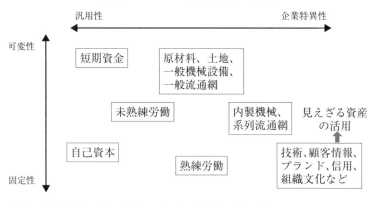

（出所）　伊丹・加護野（2005）の図（p.33）を一部加筆の上、引用

### ⑴　「市場から調達可能」な資源

　例えば、弁護士や会計士などの専門人材、工場や店舗などの物的資源、エクイティファイナンスや銀行融資などの調達資金、技術のライセンス契約などである。

### ⑵　「市場から調達困難」な資源

　例えば、熟練技術者、金融機関からの信用、ブランド、企業文化などである。これらの資源は、企業特殊性資源と呼ばれ、外部調達や外部移転が難しく企業

において生成されるものであり、極めて企業粘着性が強い資源である。まさに価格をつけることのできない資源であり、模倣が困難な性質を持つ資源である。

### ⑶　見えざる資産としてのファミリネス

　日本の老舗企業は、伝統を持つファミリービジネスが多い。ここでいう伝統とは、歴史、文化、商品サービス、製法、ブランド（企業の信用）などを示す。また、伝統は、短期間で形成できるものではない。世代から世代へと事業が承継される中で、世代を超えて構築される経営資源である。それだけではない。長期的なステークホルダーとの関係資産も含まれよう。老舗企業では、ビジネスシステム（企業間の取引関係）自体が競争優位の源泉になっている場合がある。

　これらは、見えざる資産と呼ばれ、競合企業にとっては調達することが不可能であり模倣が難しい。数世代にわたって事業承継されてきたファミリービジネスにとっては競争優位の源泉となる重要な経営資源であり、スタートアップの企業が保有することのできない資源といえよう。ファミリービジネス研究では、これらの経営資源のことをファミリー性もしくは**ファミリネス**と呼ぶ。このファミリネスは、知的資産の一つとして考えることもできよう。

　このファミリネスは、ファミリービジネスの価値創造の源泉としての機能を果たす。例えば、伝統的な老舗企業がイノベーションにチャレンジするような場合である。

## Column 4-1-1

## 事業承継とローカルベンチマーク

　**ローカルベンチマーク**とは、経済産業省によって作成された中小企業向けの経営分析ツールである。具体的には、知的資産の分析や知的資産の活用による事業価値向上、現経営者と後継者との対話などへの活用が期待されている。ローカルベンチマークは、主に２つの観点から構成されている。

　第一の観点は、企業の経営分析に関わるものである。具体的には、売上高増加率、営業利益率、労働生産性、EBITDA有利子負債倍率、営業運転資本回転期間、自己資本比率である。これらの経営指標によって、企業の経営成績（収益性や効率性など）と財政状態（安全性や健全性など）を分析する。

> 　事業承継では、現経営者と後継者が自社の財務状態を認識することは極めて重要である。理由の一つ目が、資金の出し手や使い途など自社の財務実態を理解することで、後継者が取り組むべき課題が明らかになるからである。理由の二つ目は、自社の事業活動（自社の在庫状態、工場店舗への投資の状態など）を客観的に認識できるからである。
>
> 　ローカルベンチマークの第二の観点は、企業の非財務的な分析に関わるものである。ここでは、経営者、事業、関係者、内部管理体制の 4 つの分析視点が示されている。特に、経営者の項目では、経営者の方針や後継者の育成状況、関係者の項目では利害関係者との関係などについての分析視点が示されている。
>
> 　事業承継では、現経営者が後継者の選抜や育成、承継タイミングを事前に検討することが重要である。現経営者が事前に、後継候補者のプロジェクトリーダーや部門長などへの配置計画を検討しやすくなるであろう。また、事業承継では、社内だけではなく社外の利害関係者との承継も重要になってくる。事業承継に伴って、顧客や仕入先、金融機関との関係を後退させないようにせねばならない。
>
> 　このように、ローカルベンチマークへの取り組みは、現経営者や後継者に事業承継を行うにあたって事前に認識共有しておくべき点を示してくれる。

## 【2】　事業の承継

### 1　事業承継とは何か

　事業承継は、単なる経営権の世代から世代への移転にとどまらないことから、しばしば駅伝リレーに例えられる。駅伝リレーとは、「①前走者から当該区間の走者にバトンが渡されること、②当該区間の走者は区間責任を果たすこと、③当該区間の走者は次走者にバトンを渡すこと」を意味する。バトンを経営、前走者を先代経営者、当該区間の走者や次走者を後継者と読み替えれば、事業承継の営みそのものといえる。

　しかし、この事業承継は、なかなか難しい。なぜなら、当該区間の走者（後継者）は前走者（先代経営者）と走るコース（経営を行う時代背景や環境）が異なるからである。仮に、走るコースが同じであれば、先代世代の慣習や教訓に沿った経営をすれば良い。しかし、経営環境は刻々と変化している。従来の

経営戦略や方針では、良い経営成果が上げられない可能性がある。そのため、当該区間の走者には区間責任（経営を行う環境に適応した経営革新）が必要となる。以下、主要な論点に沿って確認する。

## 2　現経営者の役割と課題

　事業承継では、どのような経営者から経営のバトンを受け継ぐのかが重要となる。経営者のタイプには、「創業経営者タイプ」と「二代目以降の経営者タイプ」があり、それぞれ事業承継の場面で異なる行動をする傾向がある。

### (1)　創業経営者タイプ

　「**創業経営者タイプ**」とは、経営のバトンの渡し手が創業者のようなケースである。創業者は、経営環境の変化の中で機会を掴み、ゼロから事業を立ち上げたバイタリティのある人物が多い。『ファミリービジネス白書2018年版』（詳細は巻末の参考図書を参照）の上場企業を対象とする調査によると、創業者の在任中は二代目以降の経営者と比較して業績が優位であった。

　一方、創業者は、人生の多くの時間やエネルギーを事業に投入してきたことから、自社の発展に自分の夢を投影してしまいやすい。この心理的傾向によって、創業者は自分の子弟であっても事業承継を躊躇するケースもある。結果として、承継時期が遅れることも考えられる。

| メリット | デメリット |
| --- | --- |
| ・リスクを厭わず果敢に新しい挑戦をするバイタリティがある。<br>・カリスマ的な存在として語り継がれる。<br>・事業の当事者意識が高い。 | ・実績を上げてきたが故に、自分の経験に依存しやすい。<br>・事業を自分の人生と同一視する傾向が強く、事業承継が遅れる可能性もある。 |

### (2)　二代目以降の経営者タイプ

　「**二代目以降の経営者タイプ**」とは、事業承継者のケースである。過去の研究によると、専門経営者型の経営を行う傾向がある。創業者と異なり、自分で事業を立ち上げた経験がないため、外部の専門知識や専門家の意見にも耳を傾けやすい。結果として、事業を客観視しやすい傾向もあると言われる。

　他方、先代世代によって築き上げられた経営資源（信用、技術、関係資産など）に依存しやすい欠点もある。また、ファミリービジネスの場合、当初、後継者の事業承継者としての当事者意識が薄い場合もある。

| メリット | デメリット |
|---|---|
| ・先代世代の資源を活用できる。<br>・事業を客観視しやすい。<br>・専門知識や外部の専門家の意見を参考にする。 | ・先代世代の資源に依存しやすい。<br>・事業の当事者意識が薄い場合もある。 |

### ⑶　次世代経営者への権限委譲

　事業承継の難しい点は、現経営者から後継者への**権限委譲**である。特に、創業者の場合、権限委譲は自分の社内や社外への影響力を低下させるので、難しいことがしばしばある。しかし、後継者への経営の権限委譲が遅れると、後継者の成長機会を奪うことになる。

　ファミリービジネスの強みは、後継者が決まっていることが多く、現経営者と後継者が長期的な承継プロセス（併走期間）を確保することができることにある。この承継プロセスにおいては、現経営者が後継者に徐々に責任の重いマネジメントポジションを権限委譲していくことが後継者育成において重要となる。事業承継の**併走期間**を作ることは、突発的に後継者が事業承継をせねばならない場合に備えることにつながる。

### ⑷　事業承継後の関わりと引退プロセス

　現経営者にとって、引退とは社内外への自分の影響力を喪失すると同時に、自分の社会的な使命を見失ってしまう可能性を高めるイベントである。事業承継には、「**理の入口**」「**情の出口**（経営者の引退）」という考え方がある。ここでいう「理の入口」とは、後継者の選抜にあたり合理的根拠に基づき厳格に行うべきとし、「情の出口」とは、経営者の引退について配慮すべきとしている。

　経営者の引退にあたって配慮すべきことは二つある。第一に、在任中の功績を認めることである。現経営者は後継世代から自分のレガシーが受け入れられることによって、引退を受け入れやすくなる。第二に、引退後の処遇を示すことである。引退後の事業との関わり方や処遇（役割や報酬など）が明確にされることで、経営者は引退という人生の大きな転機を乗り越えるための心の準備ができる。

## 3　後継者の育成と承継プロセス

　事業承継とは、先代経営者から後継者へ社長の役職を交代する行為にとどまらない。次期経営者候補の選定、次期経営者に向けた配置や教育訓練の計画、経営者の交代、先代経営者の事業承継後の関わりなど、多岐にわたり、かつ時

間的な変化を伴うプロセスである。特に、ファミリービジネスの場合は、次期経営者が当初より決まっていることが多い。そのため、幼少期の情操教育の段階から事業承継のプロセスがスタートしているケースもある。

　他方、現実的には先代経営者の急逝などで十分な経営の引き継ぎが行われず、後継者が苦労することもしばしば生じている。この承継プロセスのマネジメントが、事業承継の成否の鍵を握っていると言っても過言ではない。

図表 4 - 1 - 8　　事業承継のプロセス

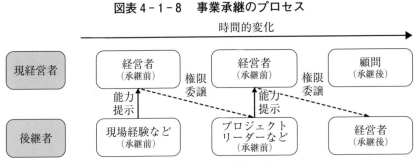

（出所）　Handler（1990）の表3（p.43）を参考に、筆者作成

## (1)　生得的地位をもつファミリービジネスの後継者

　**生得的地位**とは、生まれながらに保有している地位のことである。徳川将軍家や歌舞伎の市川家などを想像するとわかりやすい。ファミリービジネスの後継者は、生まれながらにして経営者になることが決まっている人も多い。

　この生得的地位は、以下のように後継者にとって二つの意味をもたらすが、後継者の状況をより深く理解することは、事業承継における後継者育成プロセスに重要な視点を提供してくれる。

| 自律的意味 | 制約的意味 |
|---|---|
| ・将来の経営者として地位が約束されている。<br>・自分の上司や同僚に迎合や配慮をする必要なし。 | ・先代の経営幹部や従業員から特別な視線を受ける（無条件には受入れられない）。<br>・キャリア選択の機会が限定されている。 |

（出所）　落合（2016）の図表8 - 6（p.181）を参照の上、筆者作成

## (2)　他社経験の意味

　ファミリービジネスの後継者は、しばしば**他社経験**を積んでから家業に入社することがある。他社経験のメリットは、家業では獲得することが難しい経験

や価値観を得ることができるほか、外部の立場から、自社を客観的に評価する目が養成されることである。一方、入社時期が遅くなってしまうことや外部の価値観を家業に持ち込みすぎるデメリットもある。

### 図表4-1-9　　後継者の入社時期の比較

| | 新卒での入社 | 他社経験後の入社 |
|---|---|---|
| 利点 | ・早期に自社の慣習に接することが出来、従業員に受入れられる。<br>・早期から自社の特殊能力が養成できる。 | ・多様な価値観を自社に持ち込みやすい。<br>・自社を客観的視点から考えることが出来る。 |
| 欠点 | ・自社の慣習やしきたりに同質的になりやすい。<br>・自社のぬるま湯に浸ってしまう可能性がある。 | ・他社経験を誇示しすぎると従業員と仕事上の距離感が生じる。<br>・自社の慣習やしきたりを軽視しやすい。 |

(出所)　Barach et al.（1988）の表2（p. 53）を筆者が訳出、一部加筆修正の上、引用

　他社経験は、後継者個人への効果（直接効果）にとどまらない。家業への効果（間接効果）もある。例えば、後継者が家業の仕入先へ就職するとか、同業他社へ就職すると、その会社との繋がりが構築でき、需要サイドや供給サイドの視点から家業をみることができる。

### 図表4-1-10　他社経験の直接効果と間接効果

| 種類<br>（自社との関係） | 直接効果<br>（後継者の学習等） | 間接効果<br>（自社への利点等） |
|---|---|---|
| 仕入先 | 原材料の改良や開発等、供給サイドの視点の醸成 | 安定的な原材料供給先の確保 |
| 顧客企業 | 顧客の嗜好やニーズの把握等、需要サイドの視点の醸成 | 安定的な製品サービス購入先の確保 |
| 同業他社 | 自社にはない、生産・販売プロセスの知識習得 | 技術開発、共同販売のような水平的な企業提携の可能性 |
| 金融機関 | 資金の調達と運用という財務的な視点の醸成 | 地域金融機関とその取引先との関係構築による対外ネットワークの獲得 |

(出所)　落合（2019）の表3（p. 30）を引用

### (3)　入社後の初期の仕事経験

　後継者にとって家業に入社した直後の仕事は、重要な意味を持つことが多い。

第一は、家業の全容を理解できる仕事をすること、第二に、家業の従業員との関係を作ること、第三に、家業の文化を理解すること、である。

**図表4-1-11　後継者の初期の仕事経験が持つ二つの要素**

| | |
|---|---|
| 個人的要素 | ・業務の基本的な手順や方法の習得<br>・自社の製品サービスの理解<br>・家業の各部署の役割の理解<br>・外部の取引先（仕入先・顧客）と取引慣行等の理解 |
| 関係的要素 | ・家業の組織文化や商慣習の習得<br>・世代間における相互理解の促進<br>・先代世代の従業員からの受容<br>・伝統的な取引先（仕入先・顧客）からの受容 |

(出所)　Barach et al.（1988）の図1（p. 52）および後藤編著（2012）の図表5-5を参考に、筆者が作成

　特に、後継者に家業を理解させることを目的として、現場の仕事に従事させることを重視するファミリービジネスも多い。現場の仕事は、後継者がマネジメントの仕事をするようになると経験できないことが多い。そのため、若い時代に現場の仕事を経験させ、現場感覚を身に付けさせるものである。

　現場の仕事は、現場で生じる課題への検知能力を高める。結果として、机上の空論に陥らず、現場視点をもった経営者を育成することができる。

　また、現場の仕事を通じて、後継者は現場の従業員との関係を構築することができる。将来、後継者が経営を承継する際に、従業員から承認されやすくなる効果もある。

### (4)　後継者の制約と自律のジレンマ

　ファミリービジネスの後継者は複雑な環境に置かれている。後継者は、創業家に生まれてきたが故に、キャリアの選択肢が限定されたり、事業承継者としての立ち居振る舞いが求められたりする。これを「**制約性**」と呼び、後継者にとって行動の制限になる。他方、創業家に生まれてきたが故に、将来の経営者として処遇され、自分の上司や同僚に配慮する必要がない。これを「**自律性**」と呼び、後継者にとって主体的行動を取りやすくする。このように、ファミリービジネスの後継者は、制約と自律という二律背反な環境に置かれており、これを**制約と自律のジレンマ**と呼ぶ。

　制約と自律のジレンマは、後継者にとって決して心地の良いものではない。将来の経営者として思い切った行動が取れる反面、自分の経験や実績が少ないため組織の従業員に認められにくくリーダーシップが取りづらい。しかし、後

継者にとって居心地が悪い状態だからこそ、後継者にこの状態を解消させようとする能動的な行動を喚起させる根拠にもなる。つまり、後継者が名実ともに次期経営者となるためには、生得的地位だけではなく、自分の実績で周囲に認めさせて得る**獲得的地位**を構築していかねばならない。次に、組織の内外で、次期経営者としての交渉力を高め、正統性を獲得するプロセスを見ていくことにしよう。

### 図表4-1-12　後継者のおかれる仕事環境

**制約**
（自分の意思が反映しにくい）
・後継者として生まれる（キャリア選択の制約）
・親と子の関係、仕事上の上司・部下の関係
・経営幹部やベテラン社員からの規律づけ
・同族であるがゆえの従業員からの特別な視線
・先代世代からの取引先との関係　など

ジレンマ　　後継者

**自律**
（自分の意思が反映しやすい）
・将来の経営者としての優越的地位と特別な処遇
・現経営者との気兼ねのない関係
・現経営者との対立や衝突の許容（経営の異論を表明しやすい）
・自分を選んでくれた上司や同僚への配慮の必要のなさ
・独自に築き上げた外部の利害関係者との関係　など

（出所）　落合（2016）の図8-6（p.181）および落合（2019）の図14（p.66）より引用

## 4　利害関係者との関係構築

　事業承継は、現経営者と後継者の間で完結するものではない。前任者の**社会関係資本**も後継者に円滑に移転されねばならない。企業活動は、多様な利害関係者との関係の中で成り立っている。

**図表4-1-13　ファミリービジネスを取り巻く利害関係者**

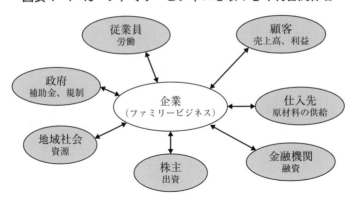

　利害関係者は、企業の内部と外部に分けることができる。ファミリービジネスの後継者は、経営者として内部の従業員を使って仕事をせねばならない。また、企業外部では、顧客や仕入先をはじめとした様々な利害関係者との関係構築や対応が求められる。以下、事業承継に伴う主要な利害関係者との関係構築について見ていく。

### (1)　従業員との関係構築

　経営者は、大きな目的を描き、大勢の従業員を巻き込み、彼らを通じてその目的を成し遂げていかねばならない。そのためには、先代世代の古参社員を含め従業員から協力を得る必要がある。しかし、ファミリービジネスの後継者の場合、それが難しい。理由は、後継者が生得的地位を持つが故に、従業員から特別な視線が後継者に向けられるからである。通常、特別な視線は、後継者と従業員との間に仕事上の距離感を生み出す。仕事上の距離感は、後継者にとって仕事をやりづらくさせる。

　しかし、常に後継者に向けられる特別な視線は、後継者に仕事上の緊張感を持たせる。これは、後継者に対して事業の当事者意識を醸成させるきっかけとなるものである。承継プロセスにおいて、現経営者は後継者に事業の当事者として実績を上げられるような仕事の与え方をせねばならない。

### 図表4-1-14　承継プロセス初期における後継者と従業員の関係

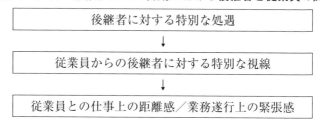

（出所）　落合（2016）の図8-4（p. 174）および落合（2019）の図16（p. 77）を参考の上、筆者作成

## ⑵　仕入先や顧客との関係構築

　事業承継では、組織の内部に関心が向けられやすいが、外部の利害関係者との取引関係の承継も重要である。特に、仕入先や顧客との**取引関係の承継**如何によっては、企業の収益に影響を及ぼすことになる。

　原材料の仕入先との関係においては、事業承継後も取引条件が悪くならないようにしておかねばならない。一般的に中小企業などでは、事業承継直後は後継者の交渉力が弱くなる場合もある。先代経営者の時代には、属人的な理由で優遇条件が付与されていたが、後継者に承継後はその条件がなくなってしまうケースもある。

　顧客との取引関係においても、事業承継直後は後継者の交渉力が弱くなる場合がある。品質、数量、条件など基本的な取引条件においてより厳しい要求がなされる場合もある。

### 図表4-1-15　取引関係における承継上の留意点

| 仕入先<br>および<br>顧客 | ・取引条件（品質、数量、納期等）<br>・取引の窓口の変更（経営者、発注部署等）<br>・自社への取引依存度<br>・取引上の優遇条件の変化<br>・取引頻度や取引数量<br>・販売支援の有無 |
| --- | --- |

　先代経営者の時代の取引条件を円滑に引き継ぐためには、先代経営者が引退前に、後継者との経営の併走期間を確保することが重要となる。例えば、取引先との重要な商談の際には、必ず現経営者は後継者を同席させるという方法である。この方法によって、取引先の経営者にも、次期経営者を認識させることができる。同時に、後継者に対しても、関係の作り方や商談の進め方を学ばせ

ることができる。

　また、後継者の能力が高まってくれば、徐々に権限を委譲して、後継者に具体的な商談を進めさせ、現経営者が後見をする方法が有効である。具体的な商談を取引先と詰めるプロセスにより取引先と腹を割った関係が構築できるし、内情を理解することにつながる。結果として、事業承継にあたって、あらかじめ後継者の取引交渉力を高めやすい。

## (3)　金融機関との関係構築

　金融機関との取引関係の承継も重要である。**金融機関との取引関係**は、仕入先や顧客との取引関係と少し異なる点がある。通常、金融機関の取引窓口は、支店（営業店）になることが多い。そのため、経営者のカウンターパートは、支店長になる。銀行支店長の場合は、仕入れ先や顧客と異なり定期的に人事異動がある。前任者と良好な関係が築けても後任者とは反りが合わない場合もある。

### 図表4-1-16　金融機関との取引上の特徴

| 【メリット】 |
|---|
| ・（与信上問題がなければ）時機を得た資金の供給を期待することができる。<br>・取引が、個人的な価値観や感情などに左右されにくい。 |
| 【デメリット】 |
| ・定期的な支店幹部の人事異動があるため、幹部との個人的な信頼関係が継続しにくい。<br>・金融機関は規制が強い業界であるため、取引が法制度の改正に影響を受けやすい（先代世代のギブ・アンド・テイクの取引関係が引き継がれにくい）。 |

（出所）　落合（2019）の表10（p.85）を引用

　もう一点、金融機関との関係においては、**個人保証の引き継ぎ**に留意しておく必要がある。中小企業の事業承継では、後継者に企業負債に対する個人保証の引き継ぎが求められる[1]ことがある。後継者によっては、これが大きな負担になってしまうこともある。しかし、個人保証を引き受けることが、後継者の

---

[1]　「経営者保証」は、円滑な事業承継を妨げる要因となっているという指摘があり、その課題の解決策として、全国銀行協会と日本商工会議所が「経営者保証に関するガイドライン」を策定した（2014年2月1日適用開始）。また、事業承継時に経営者保証が後継者候補確保の障害となっていることを踏まえ、金融機関と中小企業者の双方の取組を促すため、政府は「事業承継時の経営者保証解除に向けた総合的な対策」（2019年5月）を実施している。

事業に対する覚悟を高めさせる効果も期待できる。

**図表4-1-17　個人保証の承継の欠点と利点**

| 欠点 | ・後継者がリスク回避的になる。<br>・後継者が事業投資に消極的になる。<br>・事業の引き継ぎ手がいなくなる。 |
| 利点 | ・事業の承継者としての覚悟を見定めることができる。<br>・後継者としての覚悟を従業員に対して表明できる。<br>・後継者の事業への当事者意識と責任感を涵養できる。 |

（出所）　津島（2017）を参考に筆者作成

　上記の留意点を除けば、基本的に仕入先や顧客との取引関係の構築方法と同様である。

### ⑷　株主との関係構築

　事業承継においては、経営の承継だけではなく、資産の承継を同時に実施することもよくある。重要なことは、資産承継に伴い、株式の分散や集中をどのようにマネジメントするかである。以下、各々の利点と欠点を示す。

**図表4-1-18　株主の分散と集中における効果**

| | 利点 | 欠点 |
| --- | --- | --- |
| 株式の分散 | ・多くの株主から出資を受けることができる（資本の拡大）。<br>・多様な株主による経営の規律づけが期待できる（ガバナンス）。 | ・資本の分散を生じさせることになり、将来的な利害対立を招く可能性がある。<br>・株式の所有関係の把握が困難となり、悪意の第三者に取得されてしまう可能性がある。 |
| 株式の集中 | ・短期利益を求める功利的な株主の関与を制限することができるために、経営者が長期的な経営に取り組みやすい。<br>・資本の分散による利害対立を防ぐことができる。 | ・外部からの経営への牽制が利きにくくなり、密室的経営や不適正な経営に繋がりやすい。<br>・経営者の株式の所有割合が高くなることで、経営上の暴走を防ぎにくくなる。 |

### ⑸　地域社会との関係構築

　ファミリービジネスは、地域社会と密接な関係をもっていることが多い。例えば、地域社会から、様々な経営資源を調達している。従業員や原材料、地元金融機関からの資金供給などである。また、地域の顧客に商品サービスを購入してもらうことによる収益もあるだろう。反対に、商品サービスの提供や雇用、納税などを行い、地域社会に対して還元している。

　地域社会との密接な相互関係は、ファミリービジネスの経営行動に対して様々な影響を与える。地域社会を守ることが、ファミリービジネスにとって差別化の源泉となるような原材料の確保などの恩恵を受けることにつながる。後継者は、地域社会の中で次期経営者として承認されることが重要となる。

　また、地域社会の一員として、地域に損失を与える行為に対する牽制と規律づけを受けることもある。これについては、ガバナンスの頁で詳説することにしよう。

## ⑹　次期経営者としての正統性の獲得

　後継者は、組織の内部において従業員に実績を示し、認められなければならない。同時に、外部の利害関係者に対しても交渉力を高めなければならない。これは、生得的地位の消極的側面を補完する獲得的地位を後継者に構築させていかねばならないことを示す。

　後継者は家業に入社当初、生得的地位と獲得的地位のギャップに悩むことが少なくない。承継プロセスは、2つの地位のギャップを埋めさせる（獲得的地位を構築させる）プロセスである。

**図表4-1-19　獲得的地位が生得的地位の弱点を補完**

| 生得的地位のメリット（自律） | 生得的地位のデメリット（制約） |
| --- | --- |
| ・将来の経営者として地位が約束されている。<br>・自分の上司や同僚に迎合する必要がない。 | ・先代の経営幹部や従業員から無条件には受入れられない（顧客や仕入先なども含む）。<br>・後継者のリーダーシップが存分に発揮できない。 |

補完

**獲得的地位**
（自分の能力や実績の蓄積）

（出所）　落合（2016）の図表8-6（p. 181）を参照の上、筆者作成

　獲得的地位を高め、名実ともに次期経営者として内外から承認される状態を**正統性の獲得**と呼ぶ。他方、正統性の獲得は、自分の実績や能力を蓄積することにとどまらない。組織の内部や外部の利害関係者の持続的な支持を得るためには、組織や地域社会などでの集団文化や思考行動様式を受け入れる必要もある。

23

図表4-1-20　後継者が組織から受け入れられる条件

（出所）　Barach et al.（1988）の図1（p. 52）を参考に、筆者作成

## 5　世代間の関係性

　ファミリービジネスの場合、親から子へと事業が承継されることが多い。しかし、親子関係が事業承継に内在することで、様々な経営現象を引き起こすことがある。以下、典型的なものについて考察しておくことにしよう。

### ⑴　世代間関係の二重性

　ファミリービジネスの事業承継が難しいのは、現経営者と後継者との関係に、「親子関係」と「上司・部下の関係」が並列して内在するからである。ここでは、これを**世代間関係の二重性**と呼ぶことにする。

　世代間関係の二重性には積極効果と消極効果がある。積極効果は、マネジメントポジションにない後継者であっても、現経営者との間で率直な意見交換ができることである。これは、後継者の新しい価値観が組織にもたらされ、イノベーションの種になる可能性もある。他方、消極効果は、仕事世界に親子関係が持ち込まれることである。例えば、後継者の指揮命令系統を逸脱するような行為を容認する、あるいは後継者を甘やかす行為である。これらの行動は、非ファミリーの従業員の仕事意欲を低めてしまい、組織の秩序も保ちにくくなるだけではなく、後継者に正統性を獲得させる上でも支障が出る可能性がある。

図表4-1-21　ファミリービジネスにおける親子関係の二重性

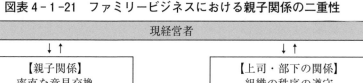

（出所）　落合（2016）の図表8-2（p. 168）および落合（2019）の図13（p. 60）を参考に、筆者作成

## (2)　後継者と先代経営幹部との難しい関係性

　ファミリービジネスの後継者は、**先代の経営幹部との関係**に苦慮することが多い。理由は、後継者にとって先代経営幹部との関係が希薄で、双方に現経営者とのような関係にないため率直な意見交換がしにくく、かつ、先代経営幹部は後継者よりもはるかに経験が豊かであるからだ。

　承継プロセスでは、後継者と先代経営幹部との適切な関係構築において、いくつか留意点がある。後継者が先代経営幹部からの協力を得ることは、重要である。先代経営幹部と良好な関係を構築することで、先代経営幹部の豊かな経験と教訓を活用することができる。ただし、関係が親密になり過ぎると、先代経営幹部へ配慮するあまり、後継者の独創的な行動がとりづらくなる場合もある。

　他方、後継者が生得的な地位（将来経営者となる地位）を有する場合、必ずしも先代経営幹部に遠慮する必要がない。そのため、後継者は思い切った行動が取りやすく、時に非連続的な変化を組織に導入しやすい面もある。ただし、後継者の突出的な行動は、先代世代の経営幹部から受け入れられにくい場合もあることに留意が必要だ。

## (3)　世代間を繋ぐ番頭の役割

　老舗企業の事業承継では、**番頭**が後継者育成を担うことがある。これは、親子関係の中で、現経営者が後継者に将来の経営者としての心構えを教えることが難しいからに他ならない。

　ファミリービジネスでは、親子関係が仕事世界に持ち込まれやすい。番頭は、現経営者（親）と後継者（子）の間に入ることで、後継者を規律づけし組織の

秩序を守る役割を担うことも多い。また、従業員からの信任を得ている番頭の場合、後継者の正統性獲得（実績づくり）のためのサポートを行うケースもある。

### ⑷　経験の連鎖と非連鎖

　後継者は、自ら主体的な行動をとる際に、先代世代の経営実績を参考とすることが多い。先代世代の経験が活用できることは、スタートアップ企業にないファミリービジネスの強みである。先代世代の仕事上の経験や教訓は、後継者にとって不確実性が高い経営環境を生き抜く上で指針となる。しかし、先代世代の経営を参照し過ぎると、後継者の主体的行動の範囲を限定してしまう可能性もある。

図表 4 - 1 -22　　後継者による先代世代の経営の参照

（出所）　落合（2016）の図 8 -22（p. 220）および落合（2019）の図21（p. 98）を参考に、筆者作成

### ⑸　世代間で育むイノベーションの種

　これまで見てきたように、ファミリービジネスの世代間関係は難しい。しかし、上手なマネジメントができれば、イノベーションの種を育むことができる可能性がある。

　イノベーションの生成には、多様な意見が組織の中で提出される必要がある。しかし、異質な意見を現経営者に表明することは通常避けられる。理由は、現経営者への異質な意見表明は、表明者の人事に影響する可能性があるからである。その意味では、生得的地位がある後継者であれば、その心配をする必要がない。また、少々、現経営者と衝突があったとしても、親子関係があるからこそ、その衝突も許容されることがある。

　次項では、事業承継を通じていかにイノベーションを起こすかについて考察してみることにしよう。

# 【3】　イノベーション
## 1　イノベーション
### ⑴　イノベーションの定義

　事業の長期的な存続には、伝統の継承だけではなく、経営環境の変化に適応したイノベーションが必要である。経済学者のシュンペーターは、イノベーションについて、異質なものの衝突もしくは組み合わせから生み出される新結合であると定義している。イノベーションは、同質的な価値観を有する組織よりも、異質な価値観を取り込む組織において生成されやすいといえよう。しかし、組織はこれまでの慣習やしきたりを重んじやすく、進取的な行動が受け入れられにくい場合もしばしばである。では、長期存続企業は、いかにして事業承継者によるイノベーションを実現させているのかを考えてみる。

### ⑵　イノベーションの種類

　一括りにイノベーションと言っても、多様である。イノベーションの対象の観点からは、新商品開発、新市場開拓、新技術開発、サプライヤーの開拓、新組織の構築などがある。また、イノベーションの程度の観点からは、徐々に変化するインクリメンタル・イノベーションや急進的に変化するラディカル・イノベーションがある。イノベーションの対象や程度は、企業の内部環境（経営資源など）や外部環境（政治経済や技術、業界など）に大きく影響を受ける。

### ⑶　イノベーションが起こりやすい仕事環境

　イノベーションとは、革新や変革を示す。今までになかったものを創造することである。これまでの研究によると、イノベーションの発露となる能動的な行動は、自律的な仕事環境によって生み出されることが示されている。自律的行動とは、他者から課題を与えられて行動するのではなく、自らの意思決定において行動をすることである。自律的な行動を行うことは、仕事の責任が伴う。それ故、自律的な仕事を通じて、後継者の事業に対する当事者意識（覚悟）を涵養することができる。

## 2　企業家活動

　企業家は、進取の気性に富み、リスクを厭わず、革新的な商品サービスや仕組みを作る人物である。企業家は、以下のような活動プロセスをとる。

#### 図表 4 -1 -23　企業家活動プロセス

| 事業機会<br>の認識 | ⇨ | 事業ドメイン<br>の定義 | ⇨ | 経営資源<br>の調達 | ⇨ | 経営資源<br>の展開 |
|:---:|:---:|:---:|:---:|:---:|:---:|:---:|

（出所）　Hisrich and Peters（1989）、Wickham（1998）ならびに金井ほか（2002）を参考に筆者作成

### (1)　ベンチャー企業家との違い

　この企業家にはいくつかの種類が存在する。**ベンチャー企業家**とは、「0→1」型の企業家である。事業機会を認識し、自らの事業計画をたて、ヒト、モノ、カネなどの資源を調達し、事業を展開する企業家である。一般的には、創業者はベンチャー企業家でありバイタリティに溢れた人物が多い。

　他方、既存事業を引継いで事業展開を行う「1→2」型の企業家も存在する。老舗企業の後継者のようなケースであり、代々ファミリーで事業承継してきた企業家のことを**ファミリー企業家**（以下、「後継者」と同義）と呼ぶ。

　ベンチャー企業家とファミリー企業家の違いは、経営資源の調達形態の違いである。ファミリー企業家の場合、既存の経営資源が存在することで、恩恵を受けることができる。例えば、先代世代によって自社製品のブランドが確立されている場合、ファミリー企業家はその顧客からの信用を引き継ぐことができる。ベンチャー企業家の場合、ゼロから顧客の信用を得ていかねばならない。

　しかし、ベンチャー企業家の場合、引き継ぐ経営資源がないが故に、誰かに配慮する必要がなく、思い切った経営行動を取ることができる。ファミリー企業家の場合は、既存資源を活用する場合に従来の慣行やしきたりを遵守することが求められ、独自の行動が取りにくいという欠点もある。

#### 図表 4 -1 -24　ベンチャー企業家とファミリー企業家の違い

| | ベンチャー企業家 | ファミリー企業家（後継者） |
|:---:|:---:|:---:|
| 資源調達形態 | 独自に調達 | 先代経営者への依存<br>一部、独自に調達 |
| 利点 | 資源動員にあたり<br>誰かに配慮する必要はない。 | 利用可能な資源が存在 |
| 欠点 | 必要資源が調達できない<br>可能性があり。 | （依存する場合）先代経営者の<br>意向に配慮する必要がある。 |

## ⑵　ファミリー企業家の事業ドメインの再定義

**事業ドメイン**とは、事業の活動領域のことを示す。「どのような顧客に」、「どのような製品サービスを」、「どのように顧客価値を提供するのか」といった経営者の方針が凝縮されたものである。

ベンチャー企業家の場合、ゼロから事業を立ち上げるために、資源が許す限り自由に事業ドメインを描くことができる。

しかし、ファミリー企業家の場合、先代世代が描いてきた事業ドメインが存在する。そのため、ファミリー企業家は、新たに事業ドメインを定義するというよりも、既存の事業ドメインを再定義するという言い方が適切である。

ファミリー企業家は、経営環境の変化に伴い、既存の事業ドメインにどのような広がりをもたせるのか、何と関連づけるのかを検討せねばならない。

**図表 4−1−25　後継者の事業ドメインの再定義**

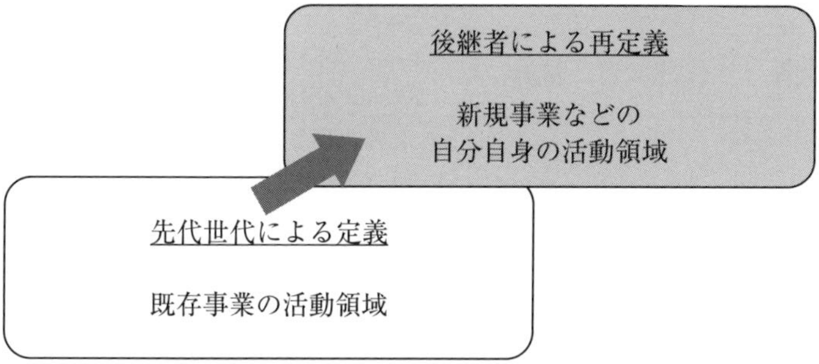

後継者による再定義

新規事業などの
自分自身の活動領域

先代世代による定義

既存事業の活動領域

また、後継者による事業ドメインの再定義にあたっての留意事項を考えてみると、後継者の新規事業と先代経営者の既存事業との関連性が高い場合、既存事業とのシナジー効果が見込まれるが、事業のリスク分散が困難となる可能性もある。一方、後継者の新規事業と先代経営者の既存事業との関連性が低い場合、既存事業とのリスク分散が図られるが、既存事業の知見の活用が困難となる可能性がある。

また、後継者による事業ドメインの範囲が広すぎる場合、事業の焦点が不安定化してしまう可能性が出てくる。反対に事業ドメインが狭すぎる場合、潜在的な事業機会を逸してしまうかもしれない。

## ⑶　ファミリー企業家の新しい経営戦略の方向性

企業家は、事業ドメインを定義し、どのような方向に資源展開を図っていくかを考えねばならない。その際、製品（サービス）と市場（顧客）の観点から

考えるとわかりやすい。

　製品・市場マトリックスによると、**市場浸透、新市場開拓、新製品開発、多角化**が示されている。ただし、企業家は、様々な制約のため、4つすべての戦略を選択できるわけではない。特にファミリー企業家は、既存の経営資源や事業ドメインなどの制約を受ける。ファミリー企業家は、経営環境の変化を見定めつつ、自社が取るべき戦略の方向性を思案せねばならない。

図表4-1-26　製品・市場マトリックスから見たファミリー企業家の課題

| | 製品 | 市場<br>（顧客） | ファミリー企業家の主要な課題 |
|---|---|---|---|
| **市場浸透** | 既存 | 既存 | ・宣伝広告による市場シェアの拡大<br>・物流網の構築、流通経路の変革 |
| **新市場開拓** | 既存 | 新規 | ・国内外における新規顧客の開拓<br>・海外の場合、現地の法律、宗教、文化の違いの克服 |
| **新製品開発** | 新規 | 既存 | ・新技術の開発<br>・製品化のための研究開発 |
| **多角化** | 新規 | 新規 | （新市場開拓と新製品開発の課題に追加）<br>・新しい業界への展開に伴う、新たな経営資源（ヒト、モノ、カネ、情報）の調達<br>・既存事業とのシナジーやリスク分散の検討 |

（出所）　Ansoff（1965）の第6-1表（邦訳　1982、p.137）を参考に、筆者作成

### ⑷　先代世代との差別化

　老舗企業は、歴代の経営者が経営環境に適応した経営を実践してきたからこそ、長期的に存続できた。後継者が歴代経営者の経営の模倣をしていれば、今後も永続的に事業存続できるのか。答えは、ノーである。理由は、経営環境が変化するからである。後継者は、経営環境に応じた経営が求められる。これは、先代世代との差別化をしていかねばならないことを示す。後継者による差別化には、①市場の差別化、②製品サービスの差別化、③ビジネスシステムの差別化がある。

### ①　市場の差別化

　第一に、先代世代の市場（顧客セグメント）との差別化である。従来、国内市場にのみ展開してきたが、国内の少子高齢化の進展を踏まえ、後継者が海外市場への展開に挑戦するようなケースである。

### ②　製品サービスの差別化

　先代世代との製品サービスにおける差別化とは、品質、機能、デザインなどの分野において後継者のオリジナリティを織り込んでいくことである。例えば、後継者が別ブランドを立ち上げて、従来になかった高品質な和菓子を製造販売するようなケースがあげられる。

図表4-1-27　製品差別化のポイント

| 中核的製品 | 便益、製品の本質的価値 |
|---|---|
| 実際的製品[※] | 品質、デザイン、機能、ブランド |
| 拡大的製品 | 品質保証、アフターサービス、配送 |

（※）　中核的製品を具体化したもの。
（出所）　Kotler and Keller（2007）の図10-2（邦訳p. 221）を参考に筆者加筆のうえ作成

### ③　ビジネスシステムの差別化

　ビジネスシステムとは、商品やサービスが顧客の手元に届けられるまでのプロセス、もしくはそのプロセスにおける企業間の取引関係などを含む経営行動のことである。このビジネスシステムの特徴は、外部からわかりにくい。製品サービスの場合は、外部からわかりやすく、模倣もされやすい。ビジネスシステムは、模倣が困難で一旦優れた仕組みを構築できれば、長期的な競争優位性を確保しやすい。

　例えば、コロナ禍にあって、老舗レストランの後継者が新たにデリバリーを行うようになったケースである。従来の味（製品サービス）を変更せず、味を届けるしくみを変革している。

図表4-1-28　差別化戦略の対象

（出所）　加護野（1999）を参照の上、筆者作成

## 【4】　次世代組織の構築

### 1　後継者の配置

　事業承継は、経営権の移転にとどまらない。事業承継は後継者を育成することであり、後継者を支える次世代経営組織を構築することでもある。以下、主要なテーマについて確認しておく。

#### (1)　配置の意味

　配置とは、人を部署に配属することである。通常、配置は経営者や人事部門によって決裁され、人事異動という形式で実施される。配置は、経営資源の展開にとどまらない。配置によって、人の能力（専門性）を形づくり、人と人との関係を構築する。

　ファミリービジネスの**後継者の配置**は、人事部門ではなく、現経営者の専権事項であることが多い。そのため、後継者の配置の軌跡は、経営者の思いや今後の経営戦略が散りばめられていることもある。後継者の配置では、将来の経営者に向けてどのような仕事をどのような順番で経験させていくかを検討することが重要となる。

#### (2)　周辺部門への配置

　先行研究によると、イノベーションは組織の辺境で起こるという。組織の辺境とは、新規事業、海外現地法人、子会社、プロジェクトチームなど組織の辺境となる非基幹事業を示す。なぜ、上記のような部門で経営革新が起こりやすいのか。

　通常、基幹事業の場合、売上高や利益に占める割合が高く、多くの経営幹部やベテラン社員が配置されている。従来からの慣習やルールも多く存在する。

　しかし、新規事業やプロジェクトチームなどは、組織自体が新しく慣習やルールは存在しない場合が多い。そのため、新規事業やプロジェクトチームでは先進的な行動が許容され、むしろ求められる。イノベーションを生み出す土壌となっているのである。

　ファミリービジネスの承継プロセスにおいても、最初、後継者を非基幹事業に配置して自律的な環境で実績を積ませるケースがある。新規事業は、次の成長事業となる可能性があり、新しい感性をもつ後継者が担う意味があるのである。

　例えば、後継者を新製品プロジェクトチームのリーダーに任命することがある。通常、新製品プロジェクトチームは、既存の製造部門や販売部門との調整を行う。基幹事業部門間の調整は、各々の利害が対立する中で難しい場面が多

32

い。後継者は、プロジェクトリーダーの仕事を通じて、新製品の開発だけではなく、組織横断的な調整能力や社内交渉力を身につけることができる。また、この業務を通じて、自社の既存事業部門の組織や人材を把握することができる。

### 図表4-1-29　プロジェクトリーダーへの配置

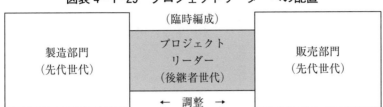

（出所）　落合（2019）の図10（p.50）を参照の上、筆者作成

　他方、承継プロセスでは、後継者に全プロジェクトのプロセスを任せる場合もあれば、一部を経験豊かな先代世代がサポートする場合がある。例えば、新製品開発のプロセスのうち、「アイデアの創出」や「コンセプトの開発」などは若い後継者に任せ、過去の経験が生きる「技術・収益性計画」などは先代世代が関与することがある。これは、後継者に自律的な仕事環境を与えて能動的な行動を促しつつ、先代世代がブレーキをかけられる余地をつくっている例である。

### 図表4-1-30　新製品開発プロセスの例

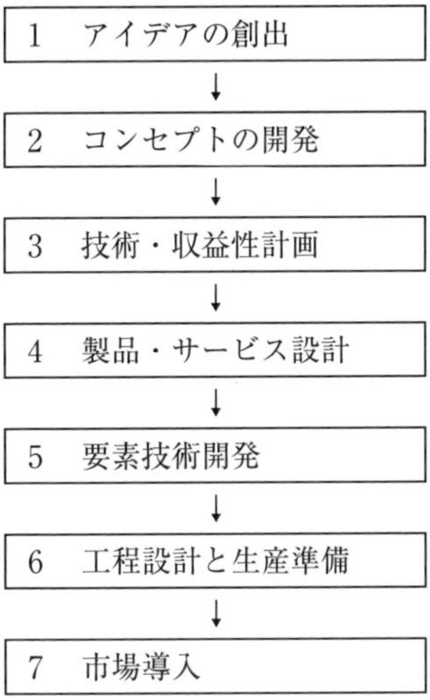

```
1  アイデアの創出
      ↓
2  コンセプトの開発
      ↓
3  技術・収益性計画
      ↓
4  製品・サービス設計
      ↓
5  要素技術開発
      ↓
6  工程設計と生産準備
      ↓
7  市場導入
```

（出所）　石井淳蔵・栗木契・嶋口充輝・余田拓郎（2004）図2-3（p.57）引用のうえ作成

## ⑶　中心的部門への配置

　後継者の配置では、配置場所の順番についても、十分検討されなければならない。先行研究によると、老舗企業の後継者の配置には、いくつかのパターンがあるとされる。典型的な配置パターンの一つに、周辺部門から中心的部門への配置がある。なぜ、入社直後に周辺部門を経験させた後に、中心的部門を経験させることが多いのか。第一に、若い頃は失敗が許容されない中心的部門よりも、周辺部門の方が経営の試行錯誤ができることである。第二に、新しい感性をもつ後継者が周辺部門で経験を積むことで、将来イノベーションの種を組織に持ち込んでくれる可能性が高まることである。中心的部門では先代世代の経営幹部が多く、後継者が若い場合、組織の慣習に染まりやすい。第三に、次の基幹事業となるかもしれない新規事業で後継者が実績を積むことで、後継者の社内交渉力を高められるからである。これによって、中心的部門に後継者が配置された後も、先代世代に対して一定の交渉力を発揮できる可能性が高まる。

　しかし、後継者が中心的部門の仕事を新規事業の延長線上で行おうとすると、失敗する可能性がある。従来、慣習やルールが少ない仕事環境であったが、中心的事業部門はそうではない。社内だけではなく、社外の長期的取引がある仕入先や顧客との関係も考慮せねばならない。このような場合、後継者をサポートする経験豊かな従業員を配置することがある。後継者は、ベテラン社員のサポートを受けつつ、組織や取引先に関わる慣習を学ぶのである。

### 図表4-1-31　後継者の配置例

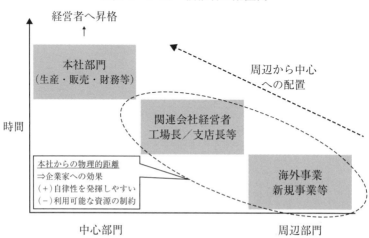

## 2　次世代経営組織

　これまで後継者を育成する方法について考えてきた。しかし、経営とは、一人でできるものではない。経営者は、多くの人々の協力の上に、一人では成し遂げられない仕事を行わねばならない。以下、後継者を支える**次世代経営組織の構築**について考えてみる。

### (1)　後継者の右腕の要件

　次世代経営組織を構築する上で重要なことは、後継者をサポートする経営幹部を育成することである。次世代の番頭を育成することといえるかもしれない。**後継者の右腕**となる経営幹部に求められる要素が、いくつか存在する。

　どのような経営者でも万能な人物はいない。例えば、ホンダ創業者の本田宗一郎は、藤沢武夫が経営管理面をサポートしていたおかげで、技術者としての活動に多くの時間を配分することができた。ソニーの井深大は、同じく技術面を担当し、営業面を盛田昭夫がサポートしていた。このように、後継者の右腕となる経営幹部には、後継者の弱点を補完し、**リーダーシップシェアリング**が担える能力が求められる。

　また、後継者の経営判断に対して、時に異論や対案を述べる能力も必要である。通常、従業員が企業の経営者と相対する意見を表明することは難しい。また、将来、オーナー経営者となるファミリービジネスの後継者は、絶大な影響力をもつことになる。その関係から、ファミリービジネスでは、時に経営者の暴走が起こることもある。

　そのような際に、右腕となる経営幹部は、後継者に経営判断の再考を促すなどガバナンスの役割を担う。また、時に後継者に対案を示し、議論を交えることができる経営幹部を作ることが望ましい。これは、イノベーションを促進することにもつながるだろう。

**図表4-1-32　後継者の右腕に求められる要件**

| |
|---|
| ・後継者とのリーダーシップシェアリング |
| ・後継者のイノベーション行動の推進役 |
| ・後継者の欠点を補完する役割 |
| ・後継者へのガバナンス（後継者に異論を表明できる） |
| ・後継者の次の世代の育成 |

### (2)　後継者の右腕の選抜と育成、世代交代

　後継者の右腕を選抜する方法は、二つある。第一に現経営者が選抜する方法

で、第二に後継者自身が選ぶ方法である。

　現経営者による選抜の場合、現経営者の経験が生かされる利点がある一方、後継者との相性が不明であることや現経営者の影響力が残るという欠点も考えられる。後継者による選抜の場合、後継者がともに仕事をしやすい利点がある反面、後継者に異論を表明しやすい人物が選ばれにくい欠点がある。

　また、後継者の右腕の育成にあたっては、様々な方法がある。第一に、先代経営幹部が次世代の経営幹部を育成する方法である。経営者と右腕経営幹部には、先述の通り求められる役割や能力が異なる。長年、現経営者の右腕として活躍してきた経営幹部の経験が次世代の経営幹部に伝承しやすい効果がある。第二に、後継者と共に組織のマネジメントを経験させて育成する方法である。この方法は、後継者との信頼関係も築きやすく、率直な意見交換ができる関係が見込まれる。

　そして、先代経営幹部から次世代経営幹部へ世代交代を円滑に進めることも重要であり、計画的に実施する必要がある。

### ⑶　小さな組織のマネジメント経験

　後継者のマネジメント能力を高めるためには、プロジェクトチームや子会社などの**小さな組織のマネジメント**経験をさせることが重要である。製造部門や営業部門などの分業組織では、専門性を高めることができる。しかし、慣習に囚われない先進的行動が求められる仕事や部門横断的な仕事の経験が蓄積しにくい。

　特に、海外現地法人や子会社などは、プロジェクトチームよりも独立性が高まる。後継者は、一国一城の主人として、銀行や仕入先など対外的な利害関係者との関係を築いていかねばならない。評価上、利益を上げる責任が求められるケースも多く、経営者としての収支感覚を養うこともできる。

### ⑷　スタートスモールとキルスモール

　後継者にマネジメント経験をさせる上で留意すべきことは、小さくプロジェクトを始めさせることである。小さく始めていれば、仮にプロジェクトが失敗しても影響を抑えることができる。大きく始めて失敗してしまうと、全社的に大きな損失を受けてしまう。これを**スタートスモール**の戦略という。

　他方、後継者主導で始めたプロジェクトであっても、成功するとは限らない。プロジェクトをスタートする際に、撤退基準をあらかじめ定めておくことが重要である。損失が小さいうちに撤退することで、全社的に大きな失敗になりにくい。これを**キルスモール**の戦略という。

　このように小さく始めて、損失が小さいうちに撤退することで、成功経験だけではなく、失敗経験を複数回積むことができる。反対に、小さく始めたプロジェクトが順調に展開しているのであれば、今後の成長事業として育成していけば良い。

⑸　**後継者の革新的行動の組織的伝播**

　後継者が十分に正統性を獲得できていない場合、後継者の新規行動は組織の中で認められにくい。その際に、有効な方法は、スタートスモールで小さな実績を蓄積して少しずつ先代世代に認めさせることである。この小さな実績の蓄積が、後継者の社内外での交渉力を高め、次期経営者としての正統性を獲得することにつながる。

図表 4 - 1 -33　後継者の実績の組織的伝播

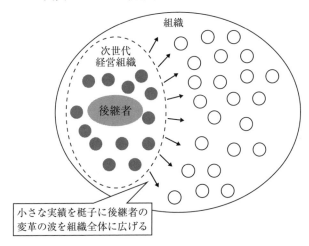

組織

次世代
経営組織

後継者

小さな実績を梃子に後継者の
変革の波を組織全体に広げる

## 3　ガバナンス

　長期的な事業の存続には、環境変化に適応したイノベーションに加え、事業承継者に適正な経営をさせるためのガバナンスが必要である。

⑴　**組織の世代交代**

　時間が経過することに伴い、組織は新旧の世代交代が進んでいく。後継者の入社当初は、現経営者の意向を汲みやすい従業員が多い。この段階では、後継者は独自の行動が取りづらい。しかし、先代経営幹部も高齢となり引退していく。徐々に後継者の意向を汲みやすい従業員が増えてくる。これは、現経営者世代の影響力が弱まり、後継者世代の影響力が高まることにつながる。

## ⑵　ガバナンスの定義

　ガバナンスとは、経営者に適正な経営をさせるための牽制と規律付けを示す。粉飾決算や品質偽装など不適正な経営が露呈した場合、当該企業の信用が失われ、企業の寿命が短くなってしまう。事業承継にあたって、後継者によって不適正な経営がなされないようガバナンスの仕組みを構築しておくことが重要である。

## ⑶　事業承継におけるガバナンス

　ガバナンスには、いくつかの種類が存在する。第一に、**内部のガバナンス**である。例えば、先代世代の経営幹部である番頭が、現経営者と後継者との親子関係の間の指揮命令系統に入る方法である。番頭は、後継者に対して指示命令し後継者からの報告を受ける。この方法によって、後継者の暴走を防ぎ、密室経営を回避することができる。

　第二に、**外部のガバナンス**である。これは、外部の利害関係者によって後継者のガバナンスがなされることである。例えば、地域の商工会や商工会議所の青年部などでは、会員としての立ち居振る舞いが求められる。商工会や商工会議所からの目が、後継者に仕事上の緊張感を与え、不適正な経営を取りづらくさせている可能性がある。

---

## 例題 4 - 1 - 1

　正しいものに○、誤っているものに×を付けその理由を説明しなさい。

1　経営環境と経営戦略

①　事業の長期的な存続にあたっては、主に政治要因、経済要因、社会要因の動向や変化を確認しておけば良い。

②　３Ｃ分析を使って自社の経営戦略を立案する場合、自社と競合企業の分析（経営資源、ビジネスシステムなど）をしておけばよく、市場規模や顧客ニーズの分析は必要ない。

③　見えざる資産とは、ブランド、技術、歴史などを含むものである。

2　事業の承継

①　現社長が実力経営者の場合であっても、事業承継後は後継者に段階的に権限委譲する必要がある。

② 承継プロセスにおいて、後継者は将来自分の部下となる従業員との関係構築を優先的に行わせるようにするべきである。

③ 将来経営者になる予定の後継者であれば、現経営者は親子関係を組織に持ち込んでも問題はない。

3　イノベーション

① イノベーションとは、新商品開発や新技術開発のことであり、海外展開など新しい市場の開拓は含まれない。

② スタートアップ企業と老舗企業では、経営者に求められる能力が異なる。

③ ビジネスシステムの差別化は、商品サービスの差別化よりも模倣されやすく、後継者世代による競争優位の源泉になりにくい。

4　次世代経営組織の構築

① 後継者の育成にあたっては、経験豊富なベテラン社員の下で長期的に育成するのが良い。

② 後継者には新しい挑戦をさせることは重要だが、スタートスモールやキルスモールの戦略を実践することも重要だ。

③ 事業承継では、後継者のイノベーション行動が求められるが、後継者へのガバナンスの仕組みを考える必要はない。

## 解答・解説

1

① × 環境分析には、他に技術要因や自然要因、加えてミクロ環境の業界などの分析も必要である。

② × ３Ｃ分析では、市場規模や顧客ニーズなどの顧客の観点からの分析が必要である。

③ ○ 問題文の通り。

2

① ○　問題文の通り。

② ×　承継プロセスでは、後継者に従業員との関係構築に加え、外部の
利害関係者（仕入先、顧客、金融機関など）との関係構築も図ら
せねばならない。

③ ×　将来経営者になる予定の後継者であっても、親子関係と仕事上の
上司部下の関係を峻別してマネジメントせねばならない。

3

① ×　イノベーションとは、新商品開発や新技術開発に加え、新市場開
拓（海外市場展開など）、新供給先開拓、新組織構築が含まれる。

② ○　問題文の通り。

③ ×　ビジネスシステムの差別化は、商品サービスの差別化よりも模倣
困難性があり、マネジメント次第では後継者の競争優位の源泉に
なる可能性がある。

4

① ×　承継プロセスでは、後継者に新規事業や子会社など自律性が発揮
できる仕事経験を積ませることも必要である。

② ○　問題文の通り。

③ ×　将来の後継者へのガバナンスの仕組を考える必要がある。

## 第2節　企業価値評価

### 学習ポイント

●企業価値概念の体系を理解する。特に、事業価値と、企業価値、株主価値との相違点を理解する。資本コストの概念についても理解する。

●代表的な評価手法を理解し、評価目的、対象企業の状況等に応じた適正な評価方法の選定、組合わせの重要性を理解する。

●インカムアプローチの算定方法とその特徴を理解する。

●マーケットアプローチの算定方法とその特徴を理解する。

●コスト（ネットアセット）アプローチの算定方法とその特徴を理解する。

　プライベートバンカー業務（以下、PB業務）における企業価値評価に関しては、投資家は、銀行やM&A等における第三者の立場の投資家だけでなく、創業者や関係者で自社株式を保有している立場の投資家が重要となることが特徴である。投資家の立場が異なれば、将来の事業目標が異なるので、評価する企業価値も異なってくることがありうる。

　PB業務における企業価値評価においては、顧客との対話を通じ、ファミリーミッション達成のためにどうあるべきかというコンサルタントの視点を基本にして、創業者経営能力、技術革新力、ビジネスモデルの持続性、後継者、更には雇用者を含めた人的資産の活用、商品の成長サイクルを考慮した新規開発や撤退すべき事業等の内容およびその背景の**定性評価**が重要である。

　定量的な企業価値評価では、定性評価を基にした、収益性、安定性（信用リスク）、成長性などの財務分析により、将来のキャッシュフローとリスクプレミアムを想定し、事業価値を計算する。次に非事業資産価値を求め、合計して企業価値を求める。

　実務的には、企業価値評価方法は、取引目的により多様な方法がある。ここでは、主としてM&Aのような時価評価される時の株主価値を評価するための企業価値評価および株主価値評価の一般的方法の学習を目的とする。

## 【1】　企業価値評価の意義
### 1　企業価値・事業価値評価の意義

　前節で事業価値の源泉を学習したので、本節では、その**企業価値・事業価値**

41

を評価する方法について学習する。ここで、企業価値と事業価値と**株主価値**の定義を確認する。

　「投資家から資本および有利子負債で調達した投資資金を活用して行う事業活動から生まれるキャッシュフローの中で、投資家に還元されるキャッシュフローに関する価値」を事業価値と言い、本業とは直接関係のない資産に関する価値を**非事業資産価値**（あるいは非営業資産価値）と呼ぶ。

事業価値：投資家から資本および有利子負債で調達した投資資金を活用して行う事業活動から生まれるキャッシュフローの中で、投資家に還元されるキャッシュフローに関する価値を事業価値という。

非事業資産価値：事業活動とは直接関係のない資産の価値を非事業資産価値と呼ぶ。非事業資産は非営業資産とも呼ばれる。例えば、遊休不動産等である。非事業資産価値の特徴の一つは、将来にわたって、いつ投資家に還元されるかわからない資産の価値である。実務的に、少数株主持分を取得しようとする場合は、非事業資産価値を株主持分と認めない考え方もある。買収のように支配株主持分を取得しようとする場合には、非事業資産価値は株主の持分になる。

企業価値：企業価値は、支配株主持分の取得を前提に、次のように定義される。
　　　　　企業価値＝事業価値＋非事業資産価値

株主価値と有利子負債価値：次に企業価値の中から、銀行の有利子負債は将来返済する必要がある。つまり、企業価値の有利子負債見合いの部分は銀行の持分であると考えることができる。従って、株主価値は、企業価値から有利子負債価値を差し引いた価値と定義される。

税金価値：しかし、より厳密に考えると、事業活動から生まれるキャッシュフローの中で投資家に還元されないキャッシュフローがある。税金である。税金キャッシュフローの現在価値は、政府にとっての価値であり、通常の企業金融理論の定義では、事業価値に含まれない。しかし、税金も含むベーシックなキャッシュフローが大元であることは理解しておく必要がある。これが、理解できれば、法人税率が上昇すれば、同じ事業活動を継続していても、政府取り分が増加し、株主価値が減少することがわかる。

以上の関係を式で表現すると次のようになる。
　　　　　企業価値＝株主価値＋有利子負債価値

株主価値＝事業価値＋非事業資産価値－有利子負債価値

図表 4－1－34　企業価値と事業価値

| 税金価値 | | |
|---|---|---|
| 企業価値 | 非事業資産価値 | 有利子負債価値 |
| | 事業価値 | 株主価値 |

　ただし、通常は、非事業資産価値は無視できるので、本稿の以降の用語としては、特に断らない限り、事業価値の代わりに企業価値という用語を利用する。
　ここで、経済社会の中の企業金融活動における企業価値評価の意義を整理してみる。

⑴　**PB業務における企業価値評価の意義**
　PB業務における企業価値評価の意義を確認しておこう。企業活動は、創業者や企業が生み出した知財とビジネスモデルと経営能力から創造される。PB業務においては、特に中小企業が対象であり、イノベーションや知的財産を活用したビジネスモデルの評価が重要となる。以下のような企業成長サイクル図を利用して、企業価値評価の役割と重要性を確認する。

図表 4－1－35　企業成長サイクルと金融機関の投資機能

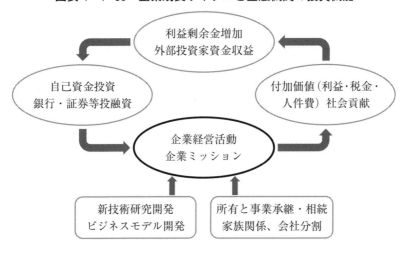

43

　上記サイクルが、継続拡大していくためには、図表の左の投資や投融資を行う主体が、適正に企業価値を評価して投資する必要がある。

　事業承継やPB業務に関連する企業価値評価が必要になる局面を細かく考えると、資本調達の場合の企業価値評価、銀行借り入れのための企業価値評価はもちろんのこと、企業の研究開発資金投資や新規事業設備投資、あるいはM&A、IPO、相続・事業承継、組織再編、経営改善投資、人材育成投資等を、それぞれの事象の背景を認識した上で、適正に評価して投資すれば、無駄な投資や間違った投資を防ぐことができる。適正に行われた投資により順調に事業継続・拡大が成功すれば、投資が付加価値（＝純利益＋人件費＋税金）を生み、企業および経済社会が発展する。

　この企業価値評価は、実力として時価で企業価値を評価する方法の議論であり、次節で述べる「自社株式評価の体系」の税法目的で簡便法により自社株を評価することとは、目的が異なる。

　更には、企業価値を時価評価する方法を理解できるようになると、財務分析上の改善点と企業価値向上の関係を理解できるようになる点も経営において重要なメリットである。

　コラム4-1-2に広義の企業金融の世界について俯瞰するが、本テキストでは前述のような企業価値評価理論だけを対象にする。すなわち、それぞれの事象の背景まで認識した定性評価を基にした定量的評価により、「企業価値（事業価値）創造活動を可能にするためにどのように投資資金を調達すべきか、あるいは投資をすべきかの理論」を対象にする。

　広義の企業金融理論としては、それぞれの研究分野があり、新しい理論が開発されているが、プライベートバンカーとしてはすべてを学習する必要はないので、詳細は金融機関の専門家に任せることになる。ただし、プライベートバンカーは、コンサルタントとして企業価値評価方法の本質的な概念と基本的な企業価値の計算の考え方を理解しておくことが必要である。

## Column 4-1-2

## 広義の企業金融の世界

　広義の企業金融は、投資資金を調達・提供するための、企業と金融機関と証券市場の仕組みのすべてを包含している。この仕組みの発展により、

市場経済が成長している。

　資金調達方法も企業金融の重要な分野である。資金調達の方法としては、自己資金、株式会社の株式、社債、転換社債、優先株、劣後債、銀行の預金、集団投資スキームを利用した各種ファンド資金調達（任意組合・匿名組合・投資事業有限責任組合（LPS）・有限責任事業組合（LLP）・特定目的会社（TMK）・投資信託・REIT等）がある。これらの集団投資スキームを利用したファンドとしての資金調達例としては、不動産投資ファンド、ベンチャーキャピタル、バイアウト投資ファンド、エンゼルファンド、インフラファンド、再生エネルギーファンド、太陽光ファンド等がある。最近は、インパクト投資や、インターネット技術や携帯電話技術を利用して、社会貢献型ベンチャーファンド資金調達が発達している。世界から小口資金をインターネットで集める手法としてクラウドファンディング技術も進展している。マイクロファイナンス、KIVA型[2]マイクロファイナンスといったような貧しい人を救うためのファイナンス技術も進歩している。

## ⑵　企業価値評価のための事業性評価

　前節の「事業価値源泉の把握」で解説されているように、事業戦略やイノベーション戦略等の内容が企業価値の源泉である。事業活動の価値は、投資した資金よりも高い社会価値をもたらすものでなければならない。社会価値の測定の基本は、将来の利益キャッシュフローあるいはキャッシュフローに相当する社会的効用の評価である。

　将来企業が生み出すキャッシュフローを予想するには、まず企業の事業性の定性分析が必要になる。厳密にはセグメント毎に分析評価が必要になる。事業性の評価の代表的内容としては、例えば、以下のような項目がある。

- ・経営者の経営能力の評価
- ・ビジネスモデルの評価
- ・ライバルとの競争関係の評価
- ・技術研究開発力、イノベーション力の評価
- ・市場ニーズ性の評価
- ・財務力、事業計画力の評価

---

[2]　インターネットを介してマイクロファイナンスを行うNPO機関

・人事組織力の評価

・販売力の評価

また、収益力、安定性（信用リスク）、成長性等の財務分析も必要になる。

## 2　時価会計制度の発展と企業価値評価技法の関係

実務的な企業価値評価および株主価値評価の考え方は、IFRS（国際会計基準）の時価会計としての会計基準の発展の中で、「どのように企業価値および株主価値を評価するか」という研究が進められてきた成果としての会計基準の考え方を利用することができる。企業価値評価および株主価値の考え方を学習する上では、後述するマーケットアプローチ、インカムアプローチ、コスト（ネットアセット）アプローチの3通りのアプローチをどのように利用するかという全体の体系を理解する部分と、それぞれのアプローチの計算方法の一項目毎の内容を理解して計算していく部分に分けて、2段階で整理する。

### (1)　世界の会計基準の企業価値および株主価値の時価測定の取り扱いの流れ

第一段階の全体的な体系理解としては欧米と日本において、近年会計基準として発展してきた企業価値の時価の算定方法の全体的概念を利用するのが有用と思われる。簡単に世界の会計基準が企業価値の評価をどのように取り扱ってきたかを確認すると、IFRS（国際会計基準）は、2012年のIFRS13号「公正価値測定」において、上場企業・非上場企業にかかわらず、企業価値および株主価値は**公正価値**によると包括的に規定した。IFRSの公正価値測定では、観察可能性に応じてインプットを3つのレベルに区分し、観察可能性の最も高いインプットから優先して評価技法に用いることを要求している。IFRSの「公正価値」は日本基準の「時価」に相当する概念であるが、IFRSでは公正価値測定の算定方法が体系的に整理されており、開示面でも現行の日本基準より詳細な情報が求められている。

欧州のプライベート・エクイティ協会の審議会であるIPEV（International Private Equity and Venture Capital Valuation）も、2012年のIFRS13号に準拠する形で、非上場企業のValuation Guideline（以下、IPEVガイドライン）を発表している。US GAAP（米国会計基準）では、2015年のTopic 820 "Fair Value Measurement" において、IFRS13号に準拠する形で公正価値が規定されている。それぞれその後何回か改訂が行われ現在に至っている。日本の金融商品会計では、従来非上場株式を簿価で評価する取り扱いをしていたが、遅ればせながら、IFRS13号およびIPEVガイドラインに準拠する形で、2019年に企

業会計基準第30号「時価の算定に関する会計基準」および「時価の算定に関する会計基準の適用指針」を制定した。ここに至り、日本の企業価値の時価の評価についての考え方は、ほとんど世界標準と同じ内容に収斂してきていると言える。

　非上場企業をめぐる企業価値の時価評価の普及が意味するところは、取引の活性化である。米国では、ベンチャー企業への投資や、ベンチャーのスタートアップ、ミドルステージ、レイターステージの各段階における非上場企業セカンダリーマーケットの発展やバイアウト取引（経営不振企業を買収して経営改善して企業価値を高めて売却する取引等）が大きく発達してきた。例えば、世界の2021年末の**プライベート・エクイティ・ファンド**残高は、約720兆円[3]になっており、10年間で約３倍に成長し、この金額は日本のTOPIX上場企業の時価総額（2022年３月末現在の時価総額660兆円）を凌駕するに至っている。これに対し日本のプライベート・エクイティ・ファンド残高は、10年前に比較すると約３倍になっているものの、2019年末で約７兆円[4]にすぎない。米国では最近、上場企業数の減少傾向が問題になるほど、非上場企業市場の拡大が注目される時代を迎えている。日本においても、2019年の「時価の算定に関する会計基準」の普及により、今後非上場企業を対象とした多様な取引が拡大すると予想される。PB業務においても、この傾向を認識しておくことが必要と思われる。

## ⑵　**IPEVガイドラインおよび「時価の算定に関する会計基準」の企業価値評価の考え方**

　PB業務として重要な分野は、非上場企業の企業価値評価および株式価値評価であるので、ここでは、それらに関連する部分について述べる。日本の企業会計基準第30号「時価の算定に関する会計基準」および「同適用指針」を参考に整理するが、同会計基準は、IFRS13号、およびIPEVガイドラインに準拠しているので、考え方はほぼ同じ内容になっている。

　企業価値あるいは株主価値に関する「時価の算定に関する会計基準」および「同適用指針」の内容のポイントをまとめると、「時価の算定にあたっては、価値の算定方法に関する市場参加者の仮定を考慮の上、状況に応じて、十分なデータが利用できる評価技法（マーケットアプローチ、インカムアプローチ、コストアプローチがある。各アプローチの詳細は次項以降で扱う）のいずれか一つまたは複数を使用すべきである」としている。時価の算定にあたって複数の評

---

[3]　Bain & Company, "Global Private Equity Report 2022" を参照
[4]　PREQIN 日本特集「日本経済の転換と国内PE・VC市場の展望　2020」を参照

価技法を用いることが望ましく、複数の評価技法に基づく結果を踏まえた合理的な範囲を考慮して、時価を最もよく表す結果を決定する。評価方式を採用するにあたっては、関連性のある観察可能なインプットを最大限利用し、観察できないインプットの利用を最小限にする。ただし、スタートアップ企業については、将来の企業成長を評価することが重要で、現状の純資産残高をみても意味がないことが多いことから、コストアプローチは不要としている。

① マーケットアプローチ

　マーケットアプローチとは、企業価値あるいは株主価値に関し、同一または類似の資産または負債に関する市場取引による価格等のインプットを用いる評価技法をいう。

　主なものとして、直近の取引価格利用方式、**マルチプル（倍率）方式**、業界固有の評価ベンチマーク方式、入手可能な市場価格利用方式などがある。

② インカムアプローチ

　インカムアプローチとは、企業価値あるいは株主価値に関し、将来の予想キャッシュフロー等に関する現在の市場の期待価値を求める評価技法である。主な技法としては、将来の予想キャッシュフローを割引率で割り引いて、割引現在価値で示す評価技法がある。

　主なものとして、ディスカウントキャッシュフロー（DCF）方式、シナリオ確率加重DCF方式、株主フリーキャッシュフローDCF法、割引配当モデル（DDM）などがある。

③ コストアプローチ（ネットアセットアプローチとも呼ばれる）

　コストアプローチとは、資産の用役能力を再調達するために現在必要な金額に基づく評価技法をいう。通常株主価値に関して利用される。

　主なものとして、純資産（時価評価）方式などがある。


　次項以降で、マーケットアプローチ、インカムアプローチ、コストアプローチの詳細について述べるが、整理の中で、複数箇所で公認会計士協会の「時価の算定に関する会計基準」および「同適用指針」および「企業価値評価ガイドライン」ならびにIPEVガイドライン（日本ベンチャーキャピタル協会が翻訳）を抜粋利用している。

## 【2】　企業価値評価の技法

### 1　マーケットアプローチ

#### ⑴　直近の投資取引価格利用方式

　上場企業であれば、直近の市場価格を利用できる。非上場企業の企業価値あるいは株主価値の評価においては、直近で同業種同規模の非上場企業のM&Aや資本調達が行われた時の取引価格データが入手できれば、それらのデータを利用することができる場合がある。直近の投資取引価格を評価技法として適用する際には、評価者は当該投資の取得原価から取引コストを控除した金額、あるいは、その後に重要な追加投資が行われた場合には、当該追加の投資価格を企業価値の見積りに使用する。ただし、直近の投資取引価格は、それが公正価値を表すとみなされる場合で、かつ関連する取引実行後の限られた期間についてのみ用いることができる。いずれにせよ、評価者は測定日において、取引日以降に生じた変化や事象が公正価値に影響しているかどうかを検討する必要がある。

#### ⑵　マルチプル（倍率）方式

　マルチプル方式は、米国のM&A等の取引で使用され、確立された評価方式といわれる。IPOの時の株式価値評価でも利用される。複数の指標で、クロスチェックしながら利用する。基準指標としては、**EBIT**（＝事業利益）、**EBITDA**（＝利払前税引前償却前利益）、売上高、営業利益、経常利益、純利益、有形固定資産等がある。例えば、EBITが赤字の時には、EBITを利用する比率が計算できないので利用しない。利用目的によっては、利用する指標が異なる。例えば、買収目的と戦略によっては、注目する指標が異なってくることもある。

#### ①　アーニング・マルチプル

　**P/E倍率**（株価収益率：PER）、**EV/EBIT倍率**（EV＝株式時価総額＋有利子負債をEBIT＝事業利益で除したもの）、**EV/EBITDA倍率**（EVをEBITDA＝利払前税引前償却前利益で除したもの）など、一般に使用されている**アーニング・マルチプル**（earning-multiple-ratio）または倍率は複数あるが、評価対象企業に相応しく、かつ市場参加者の仮定と整合するマルチプルを選択すべきである。

　企業価値に関しては、利用可能な場合には、通常EBITDA倍率が用いられる。非事業資産があれば加算する。総負債を上回る余剰現金がある場合には、非事業資産とみなす場合もある。

　　EBITDAを利用した企業価値＝EBITDA×類似企業の倍率(事業価値)＋

　　　非事業資産価値

　　　株主価値＝企業価値－有利子負債価値

　EBITDA倍率が利用可能ではない場合には、株主価値に関し、入手が容易なP/E倍率を利用する。ただし、P/E倍率の比較可能性を担保する上では、比較する企業は、財務構造および借入水準が類似していなければならない。したがって、P/E倍率を使用する場合、営業外利益、事業に関連する金融費用、必要運転資金、税金による影響を調整した事業利益（EBIT）を利用する方法もある。

　　　P/E倍率を利用した株主価値＝EBIT×類似企業のP/E倍率

## ②　売上マルチプルの使用

　継続的な利益を計上している企業では、公正価値の算定にアーニング・マルチプルを使用することがより適切であるが、事業を立ち上げたものの持続可能な利益の獲得には至っていない企業では、**売上マルチプル**を使用することが適切である。売上マルチプルの適用は、通常、その売上から「正常化」された水準の利益が得られるとの仮定に基づいている。アーニング・マルチプルは、赤字企業であったとしても、その損失が一時的なものであると考えられ、継続可能な「正常化」利益水準が想定できる場合には適用することができる。その際には、調整した売上実績、予想売上水準、もしくは現在または将来の予想売上に、「持続可能」な利益率を乗じて利用することなどが想定される。この評価技法において利用すべき最も適切な売上は、対象企業の買手である市場参加者が用いる売上である。

　　　売上を利用した企業価値＝売上×類似企業の倍率(事業資産価値)＋非事業
　　　資産価値

## ③　マルチプル方式の計算例

　実務では、基準指標を計算するのに、複数の類似企業の直近、2年平均、3年平均値を利用して、標準偏差の大きさを確認する。ばらつきが小さい方が、信頼性が大きいと考える。DCF法等の他の方法とのクロスチェックを行い、最も妥当だと思われる数値を採用する。

　下記は類似会社3社の売上とEBITDAマルチプルを基準に、評価対象会社の企業価値を算定した例である。それぞれのマルチプルで算定した6個の企業価値を平均し、更にその平均値jと、DCF法で算定した企業価値kとの平均値で、企業価値を最終判断している。

　（非事業資産価値はゼロとしている）

## 図表 4 - 1 -36　マルチプル方式の計算例

| ＜類似企業の財務項目＞ | 類似会社A | 類似会社B | 類似会社C |
|---|---|---|---|
| a　売上高（百万円） | 200 | 300 | 400 |
| b　EBITDA（百万円） | 80 | 90 | 160 |
| c　市場の企業価値（百万円） | 560 | 720 | 1,600 |
| d　売上マルチプル（企業価値／売上高　c/a） | 2.8 | 2.4 | 4 |
| e　EBITDAマルチプル（企業価値／EBITDA　c/b） | 7.0 | 8.0 | 10.0 |
| ＜評価対象企業の財務項目＞ | 評価対象企業 | | |
| f　売上高（百万円） | 300 | | |
| g　EBITDA（百万円） | 100 | | |
| | 類似会社の売上高・EBITDAマルチプルによる評価対象企業の企業価値算定（百万円） | | |
| h　売上高基準企業価値　f×d | 840 | 720 | 1,200 |
| i　EBITDA基準企業価値　g×e | 700 | 800 | 1,000 |
| j　企業価値算定値（h・i）6個の平均 | 877 | | |
| k　DCF法による企業価値算定値 | 1,000 | | |
| l　最終判断企業価値（百万円） | 938 | jとkの平均 | |

## ④　マルチプルを利用する場合の注意点

・P/E倍率を使用する場合、評価者は比較対象企業のP/E倍率が、それらの企業のROE、事業成長性、財務レバレッジや適用税率に影響されることに留意しなければならない。

・EBITDAマルチプルを使用する場合、その定義から、固定資産やのれんなどの無形資産の償却額が反映されていないので、事業上の意思決定の重点が、設備投資や（自力成長ではなく）買収による成長に向けられている場合、これらに関連し評価対象である事業（企業）価値に反映されるべき実際のコストが見落とされる可能性がある。なお、装置産業では、企業価値と有形固定資産の比率も重要である。

・アーニング・マルチプルを使用する場合には、比較対象企業と評価対象企業の相違点について適切な調整を行うことが重要である。これらの相違点は、アーニング・マルチプルの主要変数であるリスクと利益成長見通しの双方の観点から検討・評価すべきである。評価対象企業のリスク・プロファイルの

評価において、事業内容、参入市場、当該市場における競争上のポジション、経営者や従業員の質などの幅広い要素によりリスクが生じるということを認識すべきである。

・類似企業であっても、上場企業のマルチプルを利用して非上場企業の価値を評価する場合には、求められた株主価値は上場企業のものであり、非上場企業に適用する場合、一般的には、信用リスク、事業リスク、株式の流動性の差などのディスカウントファクターによる影響も検討すべきである。ただし、M&Aの場合の取引においては、株式の非流動性ディスカウントと逆方向の支配権プレミアムやシナジー効果の要素もあり、売り手と買い手の状況にもよるので、個々のケースにより異なる。

・評価者は、それが継続的な利益の合理的な見積りであると判断できなければならない。これは、特別損益や一過性の要因、非継続事業や買収見込み、ならびに利益見通しの重要な変化の見通しといった調整を織り込む必要があることを意味する。こうした調整は、比較対象企業から算出されたマルチプルにも反映させるべきである。

・マルチプルは、売り上げもまだ立っていないようなベンチャー企業の評価には利用できない。その場合にはDCF法を利用する必要がある。ただし、成長企業やベンチャー企業の企業価値あるいは株主価値を評価する場合に、ハーバード大学のSahlman教授がVenture Capital Methodとして、5年後の予想財務諸表を作成し、5年後の実力によるP/Eマルチプルで5年後の株主価値を求め、それを適当な割引率により割り引いて現在価値を求める方法を開発している。この方法は、マルチプル方式と後述のディスカウントキャッシュフロー法の混合方式となっている。

### ⑶　業界固有の評価ベンチマーク方式

**業界ベンチマーク**が、信頼性があり適切な公正価値を見積もる上での主たる測定技法として用いられるのは限られた状況においてのみであり、むしろ他の技法で算出した評価の妥当性検証の際に有用となる。介護業界における「ベッドあたり価格」やケーブルテレビ業界における「加入者あたり価格」など、多くの業種において業界固有の評価基準（ベンチマーク）が存在する。長期契約を締結することが多い金融やIT、サービス業などでは、売上高倍率（マルチプル）をベンチマークとして使用する場合もある。このような業界基準は、多くの場合、投資家が売上高（収益）やマーケットシェアを重視しており、業界内での一般的な収益性に大差がないという前提に基づいている場合が多い。

## 2　インカムアプローチ

　インカムアプローチの評価技法には、企業価値を計算するディスカウントキャッシュフロー（DCF）法、シナリオ確率加重DCF法や、割引株主フリーキャッシュフロー法などがあるが、いずれも将来投資家に還元されるキャッシュフローを想定し、そのキャッシュフローを割引率で割り引いて、現在価値を計算するという体系である。どのような方法を用いるかは、対象となる資産または負債に固有の事実および状況や十分なデータが利用できるかどうかによる。一般的に最も利用される方法は、DCF法で企業価値を求め、企業価値から有利子負債を差し引いて、株主価値を求める方法である。信頼できるデータが入手できる場合や限られたデータしか入手できない場合には、株主価値を直接求める方法もありうるが、信用リスクの存在や不適切な引当金の存在、あるいは粉飾された決算数値を発見する観点からは、一度企業価値を評価し、その後有利子負債を差し引いて株主価値を計算し、他の方法と比較することが望ましいといわれている。

　学習するに当たって、計算要素をすべて含み、本質を最もよく理解できる企業価値の計算方式として、ディスカウントキャッシュフロー（DCF）方式から学習する。

### (1)　ディスカウントキャッシュフロー（DCF）方式

　DCF法の原理は、「資本および有利子負債の投資家にとっての資産の価値は、その資産が将来生み出すキャッシュフローの中で、投資家に還元されるキャッシュフローの期待値を、リスクに見合った**要求収益率**で割り引いた現在価値になる」ということである。期待値といっているのは、予想値は期待値を中心に確率的に正規分布していると仮定しているからである。また、リスクとは、期待値からのバラツキの大きさ（標準偏差）をいう。この原理により企業価値を求めるが、そのためには全投資家に還元されるキャッシュフローの期待値の設定方法とリスクに見合った要求収益率の設定方法を学習する必要がある。

### ①　全投資家に還元される企業フリーキャッシュフロー（FCFF）の定義

　将来の事業活動において、企業が生み出す予想キャッシュフローの中で、全投資家に還元されるキャッシュフローの期待値のことを企業フリーキャッシュフロー（Free Cashflow to Firm（FCFF））と呼ぶ。

　通常は、予想P/Lと予想B/Sと予想キャッシュフロー計算書を5年程度作成し、予想企業フリーキャッシュフローを計算する。ちなみに、株主に還元されるキャッシュフローの期待値を**株主フリーキャッシュフロー（Free Cashflow** to Equity（FCFE））と呼び、また負債債権者に還元されるキャッシュフローの期待値を**負債キャッシュフロー**（Free Cashflow to Debt（FCFD））と呼ぶ。なお、企業が生み出すキャッシュフローの中で、民間投資家に還元されないキャッシュフローがある。税金である。税金キャッシュフローは、政府にとっての価値であり、企業価値には含めない。

　予想企業フリーキャッシュフローの定義は、後述するように、多様な会計上の表現があるが、その一つは、予想キャッシュフロー計算書の営業活動によるキャッシュフローから投資活動によるキャッシュフローを差し引いて、税引き後支払い利息を足し戻すことにより求めることができる。

　この企業フリーキャッシュフローは、厳密には、**アンレバード・フリーキャッシュフロー**と呼ぶもので、あたかも有利子負債がないと仮定した時のフリーキャッシュフローである。

　次式では、営業外利益はないものとして、営業利益の用語を利用して説明しているが、営業外利益がある場合にはそれを加算した事業利益に置き換えればよい。

　　　企業フリーキャッシュフロー（アンレバード・フリーキャッシュフロー）
　　　＝営業活動によるキャッシュフロー－投資活動によるキャッシュフロー＋
　　　　支払い利息×（1－税率）
　　　≒営業利益×（1－税率）－投資純増（正味運転資本増加額含む）

　通常は、簡便な最後の式の定義式だけ記憶しておけば十分である。最後の式には負債金利の項目がないのであたかも負債がなかった時の式になっている。

　上記の式について、日本の他のテキストや四季報のフリーキャッシュフローと定義が異なっていると考える読者がいると思われる。日本の他のテキストの一部や四季報では、次のようにフリーキャッシュフローという用語を定義し利用している。

　　　フリーキャッシュフロー
　　　＝営業活動によるキャッシュフロー－投資活動によるキャッシュフロー

　しかし、この定義は、企業価値を計算する時の企業フリーキャッシュフローではなく、企業フリーキャッシュフローから「支払い利息×（1－税率）」を除いたものであり、意味としては、後述のインカムアプローチ(2)　割引株主フリーキャッシュフロー法で説明する負債の返済がない場合の株主に還元される株主フリーキャッシュフローに等しい。

　このフリーキャッシュフローの用語は、海外のコーポレートファイナンスの

テキストで定義し、使用されるフリーキャッシュフローとは異なる用語なので、注意を要する。本テキストでは、誤解のないように、企業フリーキャッシュフローの定義は前述の通りの定義とする。

② DCF法の構造式

DCF法は、全投資家に還元される将来の企業フリーキャッシュフロー（FCFF）を予想し、**加重平均資本コスト**（**WACC**；Weighted Average Cost of Capital）を割引率として用いて企業価値Vの現在価値を計算する方法である。式で表現すれば、下記のようになる。

$$\text{企業価値} = \frac{FCFF1}{1+WACC} + \frac{FCFF2}{(1+WACC)^2} + \cdots + \frac{FCFFn}{(1+WACC)^n} + \cdots$$

実務的には、5年間の予想企業フリーキャッシュフローを推定し、5年目の企業フリーキャッシュフロー以降については永久一定成長率gを仮定し、ゴードン型一定成長モデルを使って表現することが多い[5]。この6年目以降の企業フリーキャッシュフローの現在価値をまとめて計算する部分を**ターミナルバリュー**という。永久一定成長率を0％と仮定する方法もある。

$$V = \sum_{t=1}^{5} \frac{FCFF_t}{(1+WACC)^t} + \frac{FCFF_5(1+g)}{(1+WACC)^5(WACC-g)}$$

③ **加重平均資本コスト**（**WACC**；Weighted Average Cost of Capital）の意味の理解

まず定義式を先に提示して解説を行うことにする。

（記号と解説）

V：企業価値

E：株主価値（時価総額）

D：有利子負債価値

t：税率

$R_E$：株主資本コスト

---

[5] 説明は省くが、関心のある方はテキスト第1分冊第2編第2章第4節株式【2】3(3)「株主フリーキャッシュフロー割引モデル」を参照されたい。なお式右辺の右側の $\frac{FCFF_5(1+g)}{(WACC-g)}$ は6年目以降永久に一定成長するキャッシュフローをまとめた5年目の価値を表し、それに $1/(1+WACC)^5$ を乗じて割引き現在価値に引き直したものである。

$R_D$：金利（負債コスト）

WACC（Weighted Average Cost of Capital）：加重平均資本コスト。

定義式は次のようになる（なお、定義式の数学的導出は章末の補論2を参照）。

$$WACC = \frac{E}{V}R_E + \frac{D}{V}R_D(1 - t)$$

ここで、重要な基本概念である加重平均資本コストと割引率の概念を整理する。

・ポイントは、**割引率**が投資家の要求収益率と等しいということである。投資家には、投資から得られる投資収益率に関し、リスクに応じて要求する要求収益率がある。投資家が要求する収益率は、要求収益率であり、**期待収益率**ともハードルレートともいわれる。一方投資家は、将来の予想キャッシュフローが現在いくらの投資価値になるかを考える。この時、将来の予想キャッシュフローを割り引いて、現在の価値を計算する。例えば、毎年100万円の利益を10年間期待できると思った時に、いくらの投資価値になるかを計算する。この時、割引率の概念を利用する。ここで、割引率は要求収益率と等しくならなければならない。これは、現在から将来をみるか、将来から現在をみるかの違いで、同じ数値になる。

$$現在価値 = \frac{期待キャッシュフロー}{(1 + 割引率)}$$

現在価値 ×（1 ＋ 要求収益率）＝ 期待キャッシュフロー

　なお、現在価値を計算する場合、割り引く行為が、期待値からコストを差し引く感覚と似ていることから、割引率は、資本コストともいわれる。名称だけの違いである。

・加重平均資本コストは、企業価値の現在価値計算に適用する割引率である。厳密にいえば、企業フリーキャッシュフロー（アンレバード・フリーキャッシュフロー）を割り引いて、株主資本コストと有利子負債コストからの加重平均として、企業価値を求めることができるように調整された関係式における割引率である。

・割引率は、リスクが大きければ、割引率も大きく、リスクが小さければ割引率は小さくなる。

・加重平均資本コストの定義式の理論的意味は、企業フリーキャッシュフローのリスクに応じて決まる企業フリーキャッシュフローを割り引くための割引

率（あるいは要求収益率）が先に決まっており、それが、株主資本コストと
有利子負債コストに分解される時の関係式を示している。

・一般的なテキストでは、解説なしで、加重平均資本コストについては、株主
資本コストをCAPM公式から計算し、株主資本コストと借入金利を、株式
の時価総額と有利子負債の構成比率により、加重平均して求めるプロセスを
提示していることも多い。しかし、この加重平均法を利用できるのは、上場
企業だけである。上場企業は、株式時価総額があり、市場参加者がフリー
キャッシュフローのリスクに対応した割引率をよく理解しているはずという
前提をおけるので、一本の割引率が株主資本コストと有利子負債コストに分
解されていることを知っているはずだと仮定できる。この仮定を逆方向に利
用して、株主資本コストと有利子負債コストから、加重平均コストを求めて
いる。中小中堅企業の平均的要求収益率（WACC）は 8 ％程度と思われる（中
小中堅企業の割引率およびWACCについては、章末の補論 1 を参照）。

## Column 4-1-3

# DCF法によるWACCとEBITDA倍率の関係

　2020年度法人企業統計によると、全産業合計で、営業利益42兆円、減価償却39兆円で、ほぼ同額である。今、営業利益＝100、減価償却＝100を想定して、税率＝23％とすると、

$$永久一定CF型DCF法による企業価値＝\frac{営業利益×（1－税率）}{WACC}$$

$$EBITDA倍率＝\frac{DCF法による企業価値}{EBITDA}$$

　上記を計算すると、次の表を得る（ここでは、EBITDA＝営業利益＋減価償却＝200を想定）。

| 税引き後営業利益 | 77 | 77 | 77 | 77 | 77 | 77 | 77 | 77 | 77 |
|---|---|---|---|---|---|---|---|---|---|
| WACC | 3% | 4% | 5% | 6% | 7% | 8% | 9% | 10% | 11% |
| 企業価値 | 2,567 | 1,925 | 1,540 | 1,283 | 1,100 | 963 | 856 | 770 | 700 |
| EBITDA倍率 | 12.8 | 9.6 | 7.7 | 6.4 | 5.5 | 4.8 | 4.3 | 3.9 | 3.5 |

　これにより、非上場企業に適用されるWACC8％は、EBITDA倍率に換算すると5倍程度になる。簡便法であるので、実際には幅があり、WACC8％は、4〜6倍程度に相当すると思われる。上場企業のEBITDA倍率の平均は、6〜7倍程度といわれている。非上場企業株式は、上場企業株式に比較して20％〜30％程度ディスカウントすることが多いといわれるので、整合的である。ただし、非流動性ディスカウントの比率には、最高裁で否定されたケースもあり、買い手と売り手の事情により相当変化する。最終的に採用されるディスカウント率は、事情により幅があることに注意が必要である。

④　企業価値および株主価値の計算例

### 図表4-1-37　DCF法による企業価値の計算例

（前提）　割引率（WACC）10％、5年目以降成長率3％、税率23％、
　　　　　負債200百万円

単位：百万円

| 年度末 | | 1 | 2 | 3 | 4 | 5 | ターミナル |
|---|---|---|---|---|---|---|---|
| ① | 予想営業利益 | | 100 | 100 | 200 | 200 | 200 | |
| ② | 仮想税金 | ①×23% | 23 | 23 | 46 | 46 | 46 | |
| ③ | 仮想税引き後営業利益 | | 77 | 77 | 154 | 154 | 154 | |
| ④ | 設備投資運転資金純増 | ①×40% | 40 | 40 | 80 | 80 | 80 | |
| ⑤ | 企業FCF、5年目末ターミナルバリュー | ③－④ | 37 | 37 | 74 | 74 | 74 | 1,089 |
| ⑥ | 5年目以降成長率 | 3% | | | | | | |
| ⑦ | 割引率 | 10% | | | | | | |
| ⑧ | 割引ファクター | | 0.91 | 0.83 | 0.75 | 0.68 | 0.62 | 0.62 |
| ⑨ | 現在価値 | ⑤×⑧ | 33.7 | 30.7 | 55.5 | 50.3 | 45.9 | 675.2 |
| ⑩ | 企業価値 | 合計 | 892 | | | | | |
| ⑪ | 負債 | 仮定200 | 200 | | | | | |
| ⑫ | 株主価値 | ⑩－⑪ | 692 | | | | | |

## ⑵　割引株主フリーキャッシュフロー法による株主価値と企業価値の計算

　この方法は、株主価値を一度計算した後、既知の負債額を加算して、企業価値を計算する方法である。株主価値のみを計算する場合にも利用できる。

① **株主フリーキャッシュフロー（FCFE）と株主資本コストの計算**

　前述の企業価値計算と同じ前提とする（章末の補論1を参照）。

・株主に還元される株主フリーキャッシュフローを計算する。

　　株主フリーキャッシュフロー＝営業活動によるキャッシュフロー

　　　　　　　　－投資活動によるキャッシュフロー－負債返済額

　　≒当期利益＋減価償却－投資（正味運転資本増加額含む）－負債返済額

　　≒当期利益－投資純増（正味運転資本増加額含む）－負債返済額

・ジャスダック上場企業の株主資本コストを計算する。

　　2021年9月現在、要求収益率＝株主資本コスト＝6.1％

・非上場企業の株主資本コストは、上場株式に比較し、事業リスク1％程度、倒産リスク1％程度、株式非流動性リスクプレミアム1％程度、経営者リスクプレミアム1％程度を上乗せして、約10％程度が一般的水準と思われる。

ベンチャー企業であれば成熟段階で15％程度と思われる。

## ② 割引株主フリーキャッシュフロー法の構造式

割引株主フリーキャッシュフロー法は、株主に還元される将来の株主フリーキャッシュフロー（Free Cash Flow to Equity（FCFE））を推定し、株主資本コスト（Re）を割引率として用いて株主価値（E）の現在価値を計算する方法である。式で表現すれば、下記のようになる。

$$株主価値(E) = \frac{FCFE1}{1 + Re} + \frac{FCFE2}{(1 + Re)^2} + \cdots + \frac{FCFEn}{(1 + Re)^n} + \cdots$$

実務的には、5年間の予想株主フリーキャッシュフローを推定し、5年目の株主フリーキャッシュフロー以降の永久一定成長率（g）を仮定し、ゴードン型一定成長モデルを使って表現することが多い。この6年目以降の株主フリーキャッシュフローの現在価値をまとめて計算する部分をターミナルバリューという。

$$株主価値(E) = \sum_{t=1}^{5} \frac{FCFF_t}{(1 + Re)^t} + \frac{FCFF_5(1 + g)}{(1 + Re)^5(Re - g)}$$

## ③ 企業価値の計算

既知の負債額（簿価）を加算して、企業価値を求める。

企業価値＝株主価値＋有利子負債価値

④　株主価値および企業価値の計算例

図表4-1-38
**割引株主フリーキャッシュフロー法による株主価値および企業価値の計算例**

（前提）　株主資本コスト（割引率）12％、5年目以降成長率3％、
　　　　　税率23％、負債200百万円、負債返済はないとする。

単位：百万円

| | 年度末 | | 1 | 2 | 3 | 4 | 5 | ターミナル |
|---|---|---|---|---|---|---|---|---|
| ① | 営業利益 | | 100 | 100 | 200 | 200 | 200 | |
| ② | 負債利子 | | 10 | 10 | 10 | 10 | 10 | |
| ③ | 税引き前利益 | | 90 | 90 | 190 | 190 | 190 | |
| ④ | 法人税 | ③×23% | 21 | 21 | 44 | 44 | 44 | |
| ⑤ | 純利益 | | 69 | 69 | 146 | 146 | 146 | |
| ⑥ | 設備投資運転資金純増 | ①×40% | 40 | 40 | 80 | 80 | 80 | |
| ⑦ | 株主フリーキャッシュフロー及び5年目末ターミナルバリュー | ⑤-⑥ | 29 | 29 | 66 | 66 | 66 | 759 |
| ⑧ | 5年目以降成長率 | 3% | | | | | | |
| ⑨ | 割引率 | 12% | | | | | | |
| ⑩ | 割引ファクター | | 0.89 | 0.80 | 0.71 | 0.64 | 0.57 | 0.57 |
| ⑪ | 現在価値 | | 26 | 23 | 47 | 42 | 38 | 431 |
| ⑫ | 株主価値 | | 607 | | | | | |
| ⑬ | 負債 | 仮定200 | 200 | | | | | |
| ⑭ | 企業価値 | ⑫+⑬ | 807 | | | | | |

## 3　コストアプローチ（ネットアセットアプローチ）

　コストアプローチとは、資産の用役能力を再調達するために現在必要な金額に基づく評価方式をいう。この評価方式の代表的方法は、時価会計の会計処理に基づく対象企業の純資産価値をもとに株主価値を算定する方法である。純資産評価方式は、概念的には清算想定と再調達想定の2種類が存在するが、本テキストでは、清算想定は考えていない。

　この再調達想定の純資産評価方式は、不動産会社等の資産保有企業や投資会社など、利益よりは資産の公正価値を企業価値の源泉としている企業の評価に適している。今後成長が見込まれるがまだ資産の乏しいベンチャー企業の企業価値評価においては利用できない。また、この評価方式は、成熟から衰退に向かっている企業や、資産売却によって、より大きな価値が実現される可能性がある企業の評価にも適している場合がある。

純資産を利用した株主価値と企業価値の計算順序は次のようになる。

・市場参加者の見通しを適用し、企業の資産および負債の各科目の構成要素の評価を行い（適切な場合、非事業資産、過剰債務、偶発資産および偶発債務について調整し）、純資産価値を算出する。評価は調達市場価格で原則新規購入するとして評価する。例えば、よく時価評価の対象になるのは、土地である。この時価会計ベース純資産価値を株主価値とする。

・株主価値に有利子負債を加算して企業価値を計算する。

## 4　企業価値評価のための代表的財務分析

前項までで企業価値および株主価値を評価する技法を説明したが、将来の企業収益を予想するには、企業の経営者の能力、技術開発イノベーション力、マーケティング力等の事業性分析に加え、現状の財務分析が基礎になる。ここでは、企業の収益力を評価するための代表的な財務分析項目を整理するにとどめる。

### (1)　収益性分析

①　総資本経常利益率＝経常利益／総資本

　　　⇒企業活動全体の収益性を分析する

②　株主資本純利益率（自己資本利益率 ROE）＝純利益／自己資本

　　　⇒株主の視点から資本の収益性を分析する

③　株主資本経常利益率＝経常利益／自己資本

　　　⇒株主の視点から資本の税引き前の収益性を分析する

④　投下資本事業利益率＝事業利益／投下資本

　　　⇒営業外損益も考慮した投下資本の収益性を分析する

⑤　株主資本純利益率（ROE）の3要素分解

$$ROE＝売上高利益率 × 総資本回転率 × 財務レバレッジ$$

$$\frac{利益}{純資産} = \frac{利益}{売上高} × \frac{売上高}{使用総資本} × \frac{使用総資本}{純資産}$$

### (2)　安全性分析

①　流動比率＝流動資産／流動負債

　　　⇒企業の短期支払能力を分析する

②　当座比率＝当座資産／流動負債

　　　⇒流動負債の支払財源である当座資産を使って、短期支払能力を分析する

③　負債比率＝他人資本（負債）／自己資本

　　⇒自己資本と他人資本（負債）の割合から、他人資本への依存度を分析する

④　固定比率＝固定資産／自己資本

　　⇒固定資産がどれくらい自己資本で賄われているかを分析する

⑤　インタレストカバレッジレシオ＝事業利益／支払利息

　　⇒金利支払い能力を分析する

⑥　有利子負債EBITDA倍率＝（有利子負債－現金および預金）／EBITDA

　　⇒負債返済能力を分析する

⑦　自己資本比率＝自己資本／総資産

**(3)　成長性分析**

①　売上高成長率＝（当期の売上高－前期の売上高）／前期の売上高

②　事業利益成長率＝（当期の事業利益－前期の事業利益）／前期の事業利益

③　純資産成長率＝（当期の純資産－前期の純資産）／前期の純資産

---

## 例題 4 - 1 - 2

　ある非上場企業Aの企業価値と株主価値を評価したい。企業Aのある期末の財務情報は下記の通り。当面この程度の収益が継続すると予想するが新しい発展は見込めないとする。

| | |
|---|---|
| 売上高 | 1,000（百万円） |
| 売上原価 | 600 |
| （製造原価） | （500） |
| 粗利益 | 400 |
| 販売管理費 | 300 |
| 営業利益 | 100 |
| 営業外利益 | 0 |
| 支払い利息 | 10 |
| 経常利益 | 90 |
| 税金 | 18 |
| 純利益 | 72 |
| （減価償却費） | （200） |

| | |
|---|---|
| 現金 | 100 |
| 売掛金棚卸資産 | 500 |
| 固定資産 | 400 |
| 買掛金 | 100 |
| 短期借入金 | 200 |
| 長期借入金 | 200 |
| 純資産 | 500 |

　事業と財務比率が類似している中堅上場企業B社、C社のEBITDA倍率（＝（株式時価総額＋有利子負債）／EBITDA）が、4倍と5倍であった。また、株価収益倍率が8倍と10倍であった。

問1

　EBITDA（金利支払い前税金前減価償却前利益）は、いくらか求めなさい。

　EBITDA倍率4倍の時と5倍の時のA社の企業価値と株主価値を求め、株価収益倍率が8倍の時と10倍の時の株主価値を求めなさい。上記4ケースの株主価値を平均した株主価値を求めなさい。次に、非上場株式としての事業リスク、信用リスク、非流動性等のリスクディスカウントを考慮して、20％ディスカウントさせた株主価値を求めなさい。

問2

　上記企業フリーキャッシュフローは、投資純増がゼロと仮定し、税率20％と仮定すると、営業利益100×0.8＝80である。加重平均資本コストは、ビジネスモデルの陳腐化を予想して、非上場企業の平均レベルの8％と推定した。この時、「一定永久割引モデル企業価値＝企業フリーキャッシュフロー／加重平均資本コスト」の式を利用して、企業価値と株主価値を求めなさい。

# 解答・解説

問1

EBITDA＝営業利益＋営業外利益＋減価償却費

　　　　＝当期利益＋税金＋金利＋減価償却費

　　　　＝100＋0＋200＝72＋18＋10＋200＝300

EBITDA倍率4倍の時と5倍の時のA社の非上場ディスカウント前の企業価値と株主価値

　　EBITDA　4倍の時の企業価値　1200

　　株主価値＝企業価値－有利子負債＝800

　　EBITDA　5倍の時の企業価値　1500

　　株主価値＝企業価値－有利子負債＝1100


株価収益倍率が8倍の時と10倍の時の株主価値

　　株価収益倍率が8倍の時の株主価値　72×8＝576

　　株価収益倍率が10倍の時の株主価値　72×10＝720


上記4ケースの株主価値を平均した株主価値　799

次に、非上場株式の諸要素のディスカウントとして20％低下させた株主価値　639


問2

企業フリーキャッシュフロー

　　＝営業利益×（1－税率）＝100×0.8＝80

加重平均資本コスト＝8％

（非上場企業ディスカウント後）企業価値＝80／0.08＝1000

（非上場企業ディスカウント後）株主価値＝1000－400＝600


## 本章のまとめ

●事業承継の目的は、現経営者から後継者へのバトンタッチで終わりではなく、事業を永続的に存続成長させることにある。企業は、事業承継のプロ

セスを通じて経営環境の変化に適応し、イノベーションを起こす機会としなければならない。

●企業は、将来のあるべき姿と現状とのギャップを認識すると共に、そのギャップを埋めるための経営戦略を立案する必要がある。また、事業承継では、経営戦略と整合性を持たせる必要がある。

●現経営者は、自身の引退プロセスや後継者の育成、権限委譲などをマネジメントすることが大きな課題となる。後継者の育成では、後継者個人の仕事能力を引き上げることも重要であるが、企業家精神の涵養や次世代経営者としての正統性を獲得させることがポイントとなる。

●現経営者は、承継プロセスを通じて後継候補に対して将来全社経営を担えるよう実践経験を積ませることが求められる。また、現経営者と後継者の併走期間において、世代間で多様な意見をぶつけ合い、後継者に経営上の試行錯誤をさせることが重要である。

●利害関係者は、企業の存続・成長にとって多様な役割を担っている。事業承継のプロセスでは、後継者に社内の利害関係者との関係を構築させることに加え、取引先や金融機関などの社外の利害関係者との関係構築を図ることが重要となる。

●事業承継においては、後継者が主導して経営革新を推進する次世代組織を構築することが求められる。同時に、経営者を支える次世代の後継者の右腕の育成にも取り組んでいかねばならない。

●後継者による企業家活動によってイノベーションが実現されることは、企業の存続や成長の可能性を高める。同時に、後継者にとって名実ともに経営者としての正統性を高める。一方で、経営者としての正統性が高まるほど、周囲が後継者に異論をはさみにくい状況となりやすい。後継者に革新的な行動をさせながら同時に後継者に適正な経営行動を促すガバナンス（牽制と規律付け）を行うことが重要となる。

●事業価値、企業価値、株主価値それぞれの違い、関連性を把握する。

●代表的な企業価値の評価方法について、それぞれの特徴や考え方を理解し、対象企業の状況等に応じて、併用方式も含めて、適切な評価方法を選定する重要性を理解する。

# 補論１　中小中堅企業の割引率について

　PB業務としては、旧ジャスダック上場企業（現在のスタンダードまたは、グロース市場）程度の中小中堅企業の分析を行うことが多いと思われるので、以下のようなプロセスで、一度旧ジャスダック上場企業で企業フリーキャッシュフローの割引率（WACC）を求めておいて、それを土台に非上場企業の割引率を求める方法が実務的にも簡便で、理論的にも無理がないアプローチである。

## 1　旧ジャスダック上場企業の株主資本コスト

　割引率の基準の一つは、旧ジャスダック株式指数に投資をする時の要求収益率（株主資本コスト）である。詳細は省くが、その要求収益率は、毎日の日経新聞を利用して計算できる[6]。

　　旧ジャスダック要求収益率
　　　＝配当利回り＋自己資本利益率×（１－配当性向）

　上記により、2021年９月現在の旧ジャスダック投資の要求収益率＝株主資本コスト＝6.1％が求まる。

## 2　旧ジャスダック市場平均のWACCと無負債時WACC
## 　（無負債株主資本コスト）

・2021年７月現在の日銀「貸出約定平均金利の推移（2021年７月）」の国内銀行長期貸出約定平均金利0.7％を負債コストとする。
・2021年３月末、東証の統計資料より、東証ジャスダック合計自己資本比率53.2％。これを時価ベースにするためにジャスダック合計PBR＝1.5を利用し

---

[6]　ゴードンモデル　株価＝配当／（割引率－配当成長率）を変形すると、割引率＝配当／株価＋配当成長率となる。配当成長率が内部留保成長率（自己資本利益率×内部留保率）と等しいとすると、割引率＝配当利回り＋自己資本利益率×内部留保率となる。内部留保率＝（当期純利益－配当総額）／当期純利益＝１－配当総額／当期純利益＝１－配当性向であるから、割引率＝配当利回り＋自己資本利益率×（１－配当性向）となり、2021年９月現在の数値をあてはめて計算すると、旧ジャスダック要求収益率＝割引率（株主資本コスト）＝6.1％が求められる。

て修正すると、時価ベース株式ウェイトは63%、負債ウェイトが37%になる。税率は、基本税率23.2%を利用する。なお、下記式の記号は前述の記号である。

$$\text{WACC} = \frac{E}{V}R_E + \frac{D}{V}R_D(1 - t)$$

$$\text{旧ジャスダックのWACC} = 6.1\% \times 0.63 + 0.7\% \times 0.37 \times (1 - 0.232)$$
$$= 4.0\%$$

## 3　対象の非上場企業のWACCに相当する割引率の推定

　リスクプレミアム考慮前のWACCの計算における負債比率の影響は、非上場企業のリスクプレミアムの影響に比較してずっと小さい。実務的にはジャスダックWACC4.0%を基準に考えれば十分ということになる。非上場株式に投資する投資家の要求収益率は、ジャスダック投資の要求収益率より高くて当然である。非上場株式の平均的要求収益率（WACC）は、上場株式に比較し事業リスク1%程度、倒産リスク1%程度、非流動性その他リスクプレミアム2%程度を上乗せして、約8%程度が一般的水準と思われる。WACC8%は、EBITDA倍率に換算すると、5倍程度である。実務的には、分析対象銘柄のリスクを見て、8%を中心に、上場企業並みの優良企業であれば5%程度、非上場企業のなかでもリスクが相当大きいと思えば10%〜12%程度を利用することで良いのではないかと思われる。

## 4　対象非上場企業がベンチャー企業であった場合のWACC

　非上場企業がベンチャー企業であった場合、ビジネスリスクと信用リスクが更に大きいので、要求収益率＝割引率（WACC）は更に高くなる。ベンチャー企業の株主資本コストは、一般的に初期段階30%程度、中間段階20%程度、成熟段階15%程度といわれているが、経営チームの能力水準、技術開発力の水準、マーケット環境、信用リスクの水準、親会社かベンチャーキャピタルの経営指導体制の水準等により、それぞれ状況が異なるので、多方面から比較検討して、判断する必要がある。なお、この段階では有利子負債はほとんどないと想定されるので、このWACCは無負債株主資本コストと同じ意味になる。ただし、ベンチャー企業を評価する場合には、通常のDCF法ではなく、成長期間と成長率を区分して指定できる3段階DCF法を利用することが望ましい。

# 補論2 WACCの定義式の導出

WACCの定義は、アンレバード・フリーキャッシュフロー（FCFF）を利用して企業価値Vを計算するための割引率（資本コスト、要求収益率）であるので、この定義から、WACCの式を導出する。アンレバード・フリーキャッシュフローは次の式で定義される。

アンレバード・フリーキャッシュフロー
＝営業利益(1－税率)－投資純増

（前提）　減価償却見合いの投資しかしないとして、投資純増＝0と仮定する。その時、アンレバード・フリーキャッシュフロー＝営業利益×（1－税率）となる。また負債返済はないものとする。

（記号）　株主価値＝E、負債価値＝D、企業価値＝V　税率＝t
　　　　　株主資本コスト＝$R_E$、負債コスト＝$R_D$

アンレバード・フリーキャッシュフローが、企業価値×要求収益率と等しくなければならないので

WACC・V＝WACC・企業価値＝営業利益×(1－税率)

一方、負債がある場合は株主価値×株主資本コストと負債価値×負債コストを合計すると、企業の全キャッシュフローと等しくならなければならないので、

$E \cdot R_E + D \cdot R_D$
＝当期利益＋負債利息
＝(営業利益－負債利息)×(1－税率)＋負債利息
＝営業利益×(1－税率)＋負債利息×税率

記号で書き直すと、

$$WACC \cdot V + D \cdot R_D \cdot t = E \cdot R_E + D \cdot R_D$$

以上からWACCを求めると、次の式が求められる。

$$WACC = \frac{E}{V}R_E + \frac{D}{V}R_D(1-t)$$

# 第2章　事業の承継（親族内）

## 第1節　事業承継の方法と検討手順

## 【1】　事業の競争力基盤の評価

### 1　事業承継の必要性と進め方

#### (1)　事業承継の現状と課題

　日本において、中小企業・小規模事業者（以下、「中小企業」という）は企業数の約99％、従業員数の約70％を占めており、経済・社会において重要な役割を果たしている。

　団塊の世代が75歳以上の後期高齢者となる2025年には、中小企業の平均引退年齢である70歳に達する経営者が380万社のうち約245万人に達する見込みであり、このうち約半分の127万社が後継者未定となっている。このまま何の対策も講じられなければ、中小企業の廃業が増加し、約650万人の雇用、約22兆円のGDPが失われ、大変な経済的損失を被ることになる。持続可能な日本経済の成長のためには、事業承継は喫緊の課題であるといえる[1]。

　中小企業経営者の高齢化が進む一方で、後継者の確保がますます困難になってきている。事業承継の重要性にもかかわらず、十分な対策を講じず、相続問題などによる業績の悪化や廃業を決めたケースも多く存在している。スムーズな事業承継のためには事前の準備が大切である。

---

[1] 独立行政法人中小企業基盤整備機構「平成29年度に認定支援機関が実施した事業引継ぎ支援事業に関する事業評価報告書」を参照。

**(2)　事業承継の意義**

　事業承継とは、文字どおり「事業」そのものを現世代から次世代へ「承継」する取組みであり、「経営の承継」と「事業資産（財産）の承継」から構成される。

　事業承継を成功させることが、日本経済にとって重要な課題とされる一方で、日本では相続税の負担が重く、そのため株式等の事業資産の承継に係る税負担に注意が傾きがちで、経営承継への取組みがおざなりになっているケースも少なくない。

　事業承継後もその会社が継続・成長することを前提とし、経営の承継と資産の承継の対策をともに行うことで、後継者へ事業をスムーズに承継させることができる。

## Column 4-2-1

### 事業承継と事業継承の違い

　事業承継とよく似た用語に「事業継承」と呼ばれるものがある。

　一見して同じような意味合いがあると思われるが、「事業継承」とは呼ばず、「事業承継」と呼ぶのが一般的である。

　「継承」は具体的・限定的なニュアンスを持ち、「承継」は抽象的・大局的なニュアンスである。「継承」と異なり、「承継」は長年培ってきた「理念・思想・精神」といった無形のものを受け継ぐニュアンスがある。

　また、承継は、権利・義務の一切を引き継ぐことを指す法律用語で、「中小企業経営承継円滑化法」、「事業承継税制」といった呼称、民法の条文、契約書などの表記でも用いられている。

　事業承継では、「経営の承継」や「財産の承継」が重視されがちであるが、経営者の想いや経営理念なども次世代以降の後継者に承継する、すなわち「意志の承継」を確実に行ってこそ、価値ある承継となる。

### (3)　事業承継の進め方

　第1章第1節「事業価値源泉の把握」で説明したように、事業承継の取組にあたっては、事業価値源泉を把握し強化するとともに、イノベーションにより新たな事業価値源泉を見出していくことが重要である。

　事業承継の取組は、現状の認識・課題の把握から、中長期的な展望に立った**事業承継計画**の策定、実行までを次の手順で行っていく。

### ①　現状の認識・分析

　会社をとりまく経営環境や「ヒト・モノ・カネ」などの経営資源の現状を正確に認識し、事業承継を行ううえでの問題はどこにあるのかを見極める（現状の問題点等の内容によって、事業承継の課題・立てるべき対策の方向性が異なってくる）。

　また、事業の継続性を把握し、現状の認識に応じた将来の見込み等を予測する（第1章第1節「事業価値源泉の把握」を参照）。

### ②　今後の課題とその対応策の検討

　その状況に合った後継者を選定し、承継方法を決定する。

　後継者候補がいる場合は、自社と外部の経済環境を踏まえて、その候補者に事業承継をすべきかどうかを検討し、現時点で後継者候補がいない場合には、中長期で後継者候補を育てる仕組みを作るのか、外部の人材または他社に事業を任せるのかを検討する。

　また、事業承継に向けて、本業の競争力強化などにより企業価値を高める経営改善を行う。

### ③　事業承継計画の作成

　その状況に応じた経営権の移譲や株式等資産の移転などの承継時期を記載した事業承継計画を作成する。

### ④　事業承継の実施

　策定した計画の内容を都度修正しながら実行していく。

**【事業承継計画の実行まで】**

| ① | 現状の認識・分析 | 会社の経営資源の状況 |
| --- | --- | --- |
| | | 会社を取り巻く経営環境とリスクの状況 |
| | | 経営者自身の状況 |
| | | 後継者候補の状況 |
| | | 相続発生時に予測される問題点の検討 |

⇩

| ② | 今後の課題と<br>その対応策の検討 | 経営資源を強化するための人材確保の検討 |
| --- | --- | --- |
| | | 会社の資金調達の検討、商品開発など |
| | | オーナー個人の財産の整理、個人保証の見直し |
| | | 後継者の選定と育成方法の検討 |
| | | 財産分配の方法や納税方法、税対策の検討 |

⇩

| ③ | 事業承継計画の作成 | 現経営者と後継者との間での引継期間の設定、役割分担 |
| --- | --- | --- |
| | | 自社株式の移動方法の検討 |
| | | 経営者の意志・想いの文書化 |
| | | 定量情報・定性情報をもとに、現経営者と後継者が実行すべき項目を明記 |
| | | 事業に携わらないファミリーへの財産分配計画 |
| | | 税対策のプラン化 |
| | | 具体的なスケジュール化 |

⇩

| ④ | 事業承継計画の実施 | 自社株式の移動、税対策の実行 |
| --- | --- | --- |
| | | 実行後の定期的なメンテナンス |

## 2　事業承継の構成要素

　事業承継とは、具体的には、会社の経営資源である「ヒト」「モノ」「カネ」を後継者に引き継ぐことをいう。「ヒト」の承継を「人的承継」、「モノ」「カネ」を後継者に承継することを総称して「物的承継」とし、それぞれの対策を考える必要がある。

### (1)　人的承継

　「ヒト」の承継とは、後継者への「経営権の承継」を指す。経営権とは、会社運営上の決定権、会社財産についての処分権、従業員、役員、取引先に対する影響力などの一切の権利をいう。ヒトに付随した、経営理念や信用力、独自のノウハウという目に見えない経営資源を後継者に引き継ぐことも広い意味で

の人的承継の中に含まれる。

　中小企業の経営は、経営者個人の資質や能力、人脈などに大きく依存していることが多く、事業の円滑な運営や業績が経営者の資質に大きく左右される傾向があるため、適切な後継者の選定は重要な問題である。

　事業運営を承継できる後継者を確保するには時間がかかるので、将来を見据えて後継者の選定、育成を進める必要がある。

　親族内承継や役員・従業員承継においては、後継者候補を選定し、経営に必要な能力を身につけさせ、受け継いでいくには5年から10年以上の準備期間を要するものと考えられており、後継者候補の選定は出来るだけ早期に開始すべきである。近年は親族内から後継者候補を見つけることが困難なケースが増加してきており、親族内や役員・従業員に後継者候補がいない場合は、M&A等による外部の第三者への事業承継の可能性も視野に入れて検討を進めるべきである。

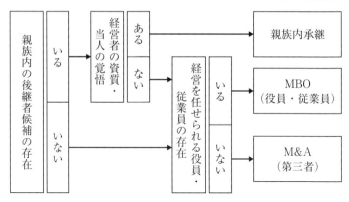

図表4-2-1　人的承継検討ステップ（次期経営者の検討）

## ⑵　物的承継

　「モノ」「カネ」を後継者に承継することを総称して「**物的承継**」といい、現経営者が保有している会社の所有権である自社株式や、事業を行うために必要な資産の次世代への承継を指す。

　特に自社株式を後継者に引き継ぐことは事業承継の要とされる。会社保有の資産価値は株式に包含されるため、株式承継が物的承継の中核と考えられる。

　株式や事業用資産を贈与・相続により承継する場合、資産の状況によっては多額の贈与税・相続税が発生することがある。後継者に資金力がなければ、税

負担を回避するために株式・事業用資産を分散して承継せざるを得ず、結果として事業承継後の経営の安定が危ぶまれる等の可能性がある。そのため税負担に配慮した承継方法の検討・対策が重要となる。

図表4-2-2　株式承継検討ステップ（次期オーナーの検討と課税）

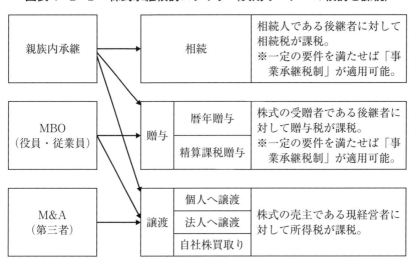

### (3) 株式承継（経営権の確保）

　事業承継では、自社株式を後継者に確実に取得させ、経営権を後継者に承継することが必要である。経営権を後継者に承継するとは、つまり「議決権」を後継者へ集中するということである。

　事業承継の場面においては、将来の株主構成を計画し、移転対策、高株価企業の場合の評価引き下げ等の株価対策などを踏まえた**資本政策**の検討・対策が重要となる。

### ① 株式の集中

　安定した経営権を確保するためには、経営者に株式を集中することが基本的な手法となる。後継者への株式の移動を検討する際にも、後継者が安定した経営権を確保するには、まずは後継者に株式を集める（目安としては、株主総会で重要な決議をするために必要な3分の2以上の議決権を承継する）ことが基本となる。

　しかし、現実には思うように株式を集中できないケースもあり、その際には、経営権の確保のための手段として、株式の設計を変えるという選択肢もある。

具体的には、種類株式、属人的定め（属人的株式）などの活用である。

　株式承継においては、株主構成をどのようにするか、ファミリーが経営や所有においてどのように関与するか、という視点が必要となり、後継者と現経営者との関係を調整するために、種類株式等を活用して自社株を相続人等に分配する手法もある。

## ②　種類株式の活用

　**種類株式**とは、会社法で認められた、権利内容の異なる複数の種類の株式である。種類株式を発行するためには、発行する株式の内容について定款[2]で所定の事項を定める必要がある。

　種類株式は、その株式を譲渡すると、その権利も一緒に移転する。

　会社法上で認められている種類株式は9種類あるが、事業承継において経営権を後継者に集中させるために活用されることの多い種類株式は、次のとおりである。

| 種　類 | 概　要 |
|---|---|
| 配当優先（劣後）株式 | 剰余金の配当を普通株式より優先（または劣後）させる株式 |
| 議決権制限株式・無議決権株式 | 株主総会における議決権を行使できる事項に制限や行使の条件をつけることができる株式 |
| 譲渡制限株式 | 株式譲渡の際に会社からの承認を必要とする株式<br>譲渡制限により、経営者にとって好ましくない者に株式が譲渡されることを取締役会などで否決できる。 |
| 拒否権付株式（黄金株） | 株主総会等の決議事項のうち「一定の事項」の決議に対し、拒否権を持つ株式[3]<br>「一定の事項」としては、合併等の組織再編・定款変更・解散等の重要事項のほか、役員の選任等の拒否権も定款で定めることができる。 |
| 取得条項付株式 | 定款で定めた一定事由（例：発行後1年経過、株主の相続、新株発行、解散等）が生じたことを条件として、会社が株主から株式を取得することができる株式<br>（例：死亡等を条件に株式の強制取得ができる） |

---

[2]　制度活用のための定款変更には、議決権の過半数を有する株主が出席する株主総会において、出席した株主の議決権の3分の2以上の賛成を得ることが必要である。

[3]　拒否権付株式を発行すると、ある特定の問題について、株主総会の決議に加えて拒否権付株式を持つ株主だけが参加できる「種類株主総会」の決議を必要とすることができる。

### ③　属人的定め（属人的株式）

　会社法上、株式会社は、株主をその有する株式の内容・数に応じて平等に取り扱うことが原則とされているが、**非公開会社**[4]に限り、剰余金の配当・残余財産の分配・株主総会における議決権について、株主ごとに異なる取扱いを行う旨を定款に定めることができるものとしている[5]。この株主ごとに取扱いを異にする株式を「属人的株式」という。

　例えば、「株主Aは、保有する普通株式1株につき10個の議決権を有する」などの設定が可能である。したがって、属人的株式も種類株式と同様に、議決権を後継者へ集中させたいときなどに活用されるが、その一方、株式を持っている特定のその「人（株主）」がその権利を保有するものであり、株式を譲渡してもその権利は譲受人（この場合は後継者）に当然には引き継がれないことと解されていることから、導入の際には留意が必要である。また、属人的株式の設定にあたっては、他の株主等とトラブルが生じないように、弁護士等の専門家とよく相談してすすめる必要がある。

　なお、属人的株式は登記事項ではないため、登記の閲覧等により第三者にその存在・内容を知られることがないというメリットもある。

## Column 4-2-2

# 安定した経営権とは

　中小企業が直面する株式に関する課題を検討する際に、経営者が安定した経営権（議決権）を確保できるようにすることが必要である。議決権割合に応じた株主の権利としては、主に次のものが挙げられる。

| 議決権割合 | 保有期間(※1) | 株主の権限 |
|---|---|---|
| 1％以上 | 6ヶ月以上 | 株主総会の議題提案権 |
| 3％以上 | 6ヶ月以上 | 株主総会の招集請求権 |
| 3％以上 | なし | 会計帳簿の閲覧請求権 |
| 3％以上 | 6ヶ月以上 | 取締役の解任請求権 |
| 10％以上 | なし | 会社解散請求権 |

---

[4]　非公開会社とは発行する株式の全部に譲渡制限が付されている会社をいう。

[5]　属人的株式に関する定款の定めの新設および変更をする場合、株主総会の特殊決議（総株主の半数以上が出席し、総議決権の4分の3以上の多数による決議）が必要となる。

| 議決権割合 | 保有期間[※1] | 株主の権限 |
|---|---|---|
| 50%超 | なし | 株主総会の**普通決議**（取締役の選任・解任等） |
| 2/3以上 | なし | 株主総会の特別決議<br>（定款変更、事業譲渡、合併等組織再編、相続人に対する売渡請求、減資、解散など） |
| 75%以上 | なし | 株主総会の**特殊決議**<br>（属人的株式導入のための定款変更）[※2] |
| 90%以上 | なし | 特別支配株主の株主等売渡請求<br>（少数株主に対する売渡請求） |

（※1）　非公開会社（発行する株式の全部に譲渡制限が付されている会社）の株主には保有期間要件は適用されない。

（※2）　総株主の半数以上の出席（いわゆる頭数要件）も必要となる。

　会社法では、株式会社の最高意思決定機関は株主総会とされ、**株主総会**による決議が必要な事項が定められている。経営者単独で総議決権数の50％超を保有していれば、日々の安定した経営が可能となり、これを超えて総議決権数の3分の2以上の多数による**特別決議**を経営者の意向に沿って成立させることができる状態であれば、経営の安定性はより強化されるといえる[6]。

## 3　事業承継の方法

　承継方法は、「親族内承継」と「親族外承継」に大別され、親族外承継は、更に「役員・従業員への承継」と「M&A等」に分類される。

### ⑴　親族内承継

　経営および財産のすべてを現経営者の子息・子女をはじめとした親族内の者に承継させる方法である。

　従来、中小企業の事業承継は、親族内の者への承継が多くを占めていたが、後継者確保の困難等の影響から、近年においては、親族内承継の割合が減少してきている[7]。

---

[6]　単独で確保することが難しい場合には、その割合を満たす安定株主を含めて確保しておくことが望ましい。

[7]　「金融機関の取組みの評価に関する企業アンケート調査」2021年8月31日　金融庁、p. 45、Q31。

| メリット | デメリット |
| --- | --- |
| ・内外の関係者から心情的に受け入れられやすい。<br>・後継者の早期決定により、育成等の長期の準備期間の確保が可能。<br>・親族という身近な存在であるので、事業承継を行うにあたっての経営者の意志を伝えやすい。<br>・承継方法の選択の幅が広い（売買・贈与・相続など）。<br>・財産や株式の分散が生じにくい。 | ・親族内に、経営能力と意欲がある人がいるとは限らない。<br>・心情的に、経営者としての資質がない後継者であっても経営を任せてしまいがち。適格性の判断が甘くなる。<br>・相続人が複数いる場合、後継者の選択や経営権の集中が困難。 |

## (2)　親族外承継

### ①　役員・従業員等への承継

　親族以外の役員・従業員や社外の取引金融機関や取引先からの出向者などへ承継させる方法である。

　将来的な子息・子女への事業承継の中継ぎとして一時的に承継させる場合などもある。

| メリット | デメリット |
| --- | --- |
| ・社内外から広く候補者を求めることができ、適任者と出会える可能性が高い。<br>・業務に精通しているため、他の従業員や取引先から理解が得られやすい。<br>・現経営者のもとで形成された企業理念の継続が図られやすい。 | ・後継者候補に株式取得等の資金がない場合が多い。<br>・親族内承継と比較すると、親族内の関係者から心情的に受け入れられにくい場合がある。<br>・個人債務保証の引継ぎなどの問題が多い。取引金融機関等の理解が得られない可能性が高い。 |

### ②　社外への引継ぎ（M&A等）

　株式譲渡や事業譲渡等（以下、「M&A等」という）により承継を行う方法である。後継者候補が親族内や社内にいない場合に、従業員の雇用維持、取引先との関係および信用維持または経営者の老後の生活資金の確保などのため第三者に経営を任せる方法をいう。M&A等を活用して事業承継を行う事例は、近年増加傾向にある[8]。

---

[8]　「2021年度中小企業白書」第 2 部第 3 章第 2 節「M&Aを通じた経営資源の有効活用」を参照。

　自社に合うM&Aの方法を選択するためには、自社の評価について事業・法務・財務等を多方面から精査・分析する必要があるため、長期戦となること、手間やコストがかかることを念頭において考えなければならない。また、情報漏洩にも十分気をつける必要がある。

| メリット | デメリット |
|---|---|
| ・より広範囲から適格な会社、適任者を選択できる。<br>・現経営者が会社売却により資金を獲得できる。<br>・事業が承継されることで、従業員の雇用の維持が期待できる。 | ・所有と経営が分離する可能性がある。<br>・売り手・買い手の双方の希望条件（従業員の待遇、価格等）をすべて満たすことは難しい。<br>・仲介会社、専門家への報酬負担が少なくない。<br>・現役員解任の可能性。 |

## Column 4-2-3

# 廃業という選択

　様々な理由により事業の継続が困難となった企業の廃業件数は年々増加している。承継を考えるにあたり、後継者として親族内・外においても適任な候補者が見当たらない場合、経営が立ち行かなくなる前に、事業から撤退する、すなわち廃業することも選択肢の一つとしてある。

　廃業の意思決定は、赤字経営が一定期間継続するとき、債務超過に陥ったとき、内外の環境変化に対応できなくなったときなどに多いとされる。欠損の発生や売上高・収益力の低下が常態化している状況にあっては、倒産などに至る前の早い時期での廃業を検討することが大切である。

　全国約4,000の中小企業の経営者に対して行ったインターネット調査[9]によると、中小企業の約5割が、自分の代での廃業を予定しており、そのうちの約3割が、廃業理由として後継者問題を挙げている。また、廃業を予定している中小企業のうち、4割を超える企業が「今後10年間の事業の将来性について、事業の維持、成長が可能」と回答しており、事業は継続できるにもかかわらず、後継者の確保ができずに廃業を選択せざるを得ない状況に陥っている実態もある。

---

[9]　2020年1月　日本政策金融公庫総合研究所「中小企業の事業承継に関するインターネット調査」を参照。

## 【2】　親族内の事業承継

　親族内承継では、後継者の選定および事業承継の基盤づくり、関係者の理解、後継者教育、株式・財産等の分配について注意が必要になる。

### 1　後継者選定のポイント

　後継者の選定は、事業承継を成功させるための重要な要素である。

　経営者の多くは、会社の財産権（株式）と経営権を一緒に自分の子供に承継することを望んでいると思われるが、安易に決めるのではなく、経営を取り巻く環境変化に対応しながら、その後の企業や事業を継続・成長させていくことができる資質のある人物を後継者として選定することが望まれる。

　後継者選びは、対話を重ね、相手の真意をしっかりと確認することが重要である。時間がかかるので早めに取り組む必要があり、後継者を社内外の関係者と共有することで安心感につながる。

　また、後継者を選定した後には、後継者として必要な知識・経験、承継のタイミングを考えたうえでの、計画的な後継者教育が必要になる。

### 2　株式・財産等の分配

　後継者が安定した経営を図るためには、後継者以外の相続人に配慮をしながら、後継者へ株式等の事業用資産の集中を図る[10]ことが重要となる。

　現時点で既に株式が分散している場合には、可能な限り株式の買取り等を実施することが必要である。具体的な対策、株式・財産等の分配方法をみると以下の通り。

　・生前贈与の活用

　・遺言の活用

　・会社法の活用⇒本章第3節「自己株式の取得・処分」参照

　・持株会社の設立⇒本章第4節「持株会社スキーム」参照

　・安定株主（役員・従業員持株会など）の導入

　・遺留分に関する民法特例

　・その他手法⇒本章第5節「その他の主要な対策」を参照

---

[10]　株式の場合、目安としては、株主総会で重要な決議をするために必要な3分の2以上の議決権。

## 3　株式承継と評価方法

　株式承継においては、まずは非上場株式[11]の価格（評価額）を把握する必要がある（詳細は本章第 2 節「自社株式評価の体系」を参照）。

　株式の承継方法には、主に、相続、贈与、譲渡（売買）の 3 つがあり、それぞれのケースで税金が課税される。譲渡が行われた場合は、取引の当事者が個人か法人かによって、課税関係および税務上適用される株式の時価概念が異なる。

　意図的に売買価額を定めることができる親族内での取引においては、非上場株式の譲渡が時価によって行われない場合、税務上問題が生じる。

　各承継方法に応じた税務上の株式評価は原則以下のとおりである。

・相続または贈与…相続税法上の時価
・非上場株式を譲渡する場合の適正時価は以下の通り。

| 取引の当事者 | | 時価の算定方法 |
|---|---|---|
| 売手 | 買手 | |
| 個人 | 個人 | **相続税法上の時価** |
| 個人 | 法人 | （個人）　**所得税法上の時価** |
| 法人 | 個人 | （法人）　**法人税法上の時価** |
| 法人 | 法人 | 法人税法上の時価 |

## Column 4-2-4

# 譲渡（売買）による取引相場のない株式の承継

　譲渡（売買）による株式の承継の場合には、取引価額と時価とが異なる場合に課税問題が生じる。その際に適用される時価は、所得税法および法人税法上の方法により評価した価額となる。

### (1)　所得税法による評価方法

　所得税法上は、非上場株式の評価について直接的に定められた規定はない。評価の目安となる規定として、新株発行を有利な価格で引き受けた個人に対する課税を目的とした非上場株式の評価および個人が法人に対して

---

[11]　上場株式と違い、金融取引所で公表されている「時価」がない。

贈与もしくは時価の2分の1未満の価額で譲渡した場合には、時価[12]で譲渡があったものとされる「**みなし譲渡**」の規定がある。

### (2)　法人税法による評価方法

　法人税法上も所得税法と同様、株式の評価について直接的に定める規定はないが、評価の目安になる規定として、非上場株式の評価損を計上する場合の価額および法人が無償または低額譲渡した場合の有価証券の譲渡対価についての規定がある。

## 【3】　後継者不在時の選択

### 1　役員・従業員等への承継

　親族内承継の場合と同様に、後継者の選定および事業承継の基盤づくり、関係者の理解、後継者教育、株式・財産等の分配について注意が必要になる。特に、現経営者とその親族が保有している自社株式の承継が大きな問題となる。

　自社株式・事業用資産を相続や贈与によって取得する親族内承継と比べて、役員・従業員への親族外承継の場合、自社株式を有償で譲渡するケースが多く、後継者の側でその取得資金を確保することが課題の一つとなる。株式の移転にかかるコストを後継者が用意できない場合が多く、後継者の株式の取得方法や資金調達の方法を検討する必要がある。具体的な対策は以下の通り。

　　・後継者への経営権の集中
　　・種類株式の活用
　　・MBOの検討⇒第3章「事業の承継（親族外）」第1節「MBOへの対応」
　　　を参照

### 2　所有と経営の分離

　親族ではない後継者に「経営」のみを承継し、現経営者が株主（オーナー）として経営に関与するという「**所有と経営の分離**」という方法がある。

　親族外の役員・従業員が事業承継する際に、株式の取得資金調達の問題が解決できず、後継者が必要な分の株式を取得できない場合での活用が想定される。

　この場合、以下のような問題点が考えられる。

---

[12] この場合に適用される時価は、譲渡する直前に譲渡した個人が保有する議決権数により株主の区分を判定し、その区分に適用される評価方式に従って算出する。

① **株式を所有する旧経営者（オーナー）が負担するリスクの残存**

　経営を後継者に承継した後に、オーナーの個人資産を担保に新たな資金調達をする可能性がある。

② **機動性の低下**

　重要な経営意思決定に際して、都度オーナーの同意をとることが必要となる。

③ **経営者や従業員のモチベーションの低下**

　経営者が受け取ることができる利益は役員報酬のみとなり、従業員や経営者の貢献によって企業価値が向上したとしても、株価上昇に伴う利益を享受できるのは株主であるオーナーのみである。

④ **相続の発生**

　自社株式の株価が高くなった後でオーナーに相続が発生した場合、相続税の納税資金を確保するために株式を売却することがあり、自社株式が第三者にわたることによる経営リスク発生の可能性がある。

## 3　第三者への承継

　「経営」と「自社株式」の両方をM&Aなどにより第三者へ承継させた場合は、完全にその第三者へ事業を引き継がせる形となる。

　ただし、買い手の方針で、円滑に経営を引継ぐために、株式を売却した後も経営にとどまることを求められるケースもある。

　・他の会社へ譲渡（M&A等）⇒第3章第2節「M&Aへの対応」を参照

## 例題 4-2-1

　事業承継の選択方法として正しいものには○、誤っているものには×を付けその理由を説明しなさい。

① 老舗企業で親族内に後継者候補がいる場合には、経営能力等にかかわらず、親族内で経営承継する。

② 親族外の後継者を役職員から選ぶ場合、後継者が株式を購入する資金の負担が大きいことに配慮する。

③ M&Aで社外へ売却する場合、従業員の雇用等に配慮する。

④ M&Aで株式を譲渡した後も、経営者として引き続き経営に関与することがある。

## 解答・解説

① × 親族内に後継者候補がいても、自社の事業の継続性や将来性を判断した結果、外部承継が望ましいこともある。

② ○ 問題文の通り。

③ ○ 問題文の通り。

④ ○ 問題文の通り。

# 第 2 節　自社株式評価の体系

## 学習ポイント

●親族内承継に関する税務、法務の概要を知る。

●財産評価基本通達上の自社株式評価の体系を知る。

●株主区分の判定方法を知る。

●原則的な評価方式の概要を知る。

●特定の評価会社の評価の概要を知り、税務インパクトを理解する。

●特例的な評価方式の概要を知る。

## 1　財産評価基本通達上の評価

　株式の承継方法としては、現経営者が後継者に対して生前に行う譲渡（売買）および贈与、また相続があり、それぞれ所得税、贈与税、相続税が課税される。そのうち、相続または贈与により取引相場のない株式を承継させる場合には、財産評価基本通達（以下「評基通」）に定められている「**取引相場のない株式の評価**」にしたがって評価する。

　相続税および贈与税の計算上、金融商品取引所に上場している株式および気配相場のある株式と同様に、取引相場のない株式を時価評価しなければならないが、市場価格が存在しないため、その評価方法が評基通に定められている。

## 2　評価の手順

| ①株主区分の判定と評価方式の確認 | ・経営支配力を持つ株主は原則的評価方式が適用される。<br>・それ以外の株主は特例的評価（配当還元価額）方式が適用される。<br>・図表 4 - 2 - 3 参照 |
| --- | --- |
| ②会社規模の確認 | ・原則的評価方式が適用される株主の場合、会社の規模によって適用される評価方式が異なるので、それを確認する。<br>・図表 4 - 2 - 4 および図表 4 - 2 - 5 参照 |
| ③特定の評価会社に該当するか確認 | ・原則的評価方式が適用される株主でも特定の評価会社に該当するかどうか確認する（該当する場合は別の評価方式となる）。<br>・本節 5 「特定の評価会社の評価」のフローチャート参照 |

　取引相場のない株式は、その株式を取得した株主の取得後の議決権割合により、その株式を発行した会社の経営支配力を持つ株主に該当するか、それ以外の株主に該当するかで、評価方法が異なる。株主が経営支配力を持つ株主に該当する場合は原則的評価方式（本節4参照）、それ以外の株主に該当する場合は特例的評価方式（本節6参照）により評価する。

### 3　経営支配力を持つ株主等の判定

　株式を取得した者が経営支配力を持つ株主とそれ以外の株主のどちらに該当するかの判定は、その会社の株主および株主グループの議決権割合等に応じて決定される。株主区分と評価方式の判定は図表4-2-3のとおりである。

#### (1)　同族株主のいる会社の場合

　**同族株主**は経営支配力を持つ株主とされ、原則的評価方式が適用され、同族株主以外の株主は、特例的評価方式が適用される。

　同族株主とは、株主とその同族関係者[13]の議決権の合計数が議決権総数の30％以上となる場合におけるそのグループに属する株主をいう（複数のグループが該当する場合それぞれ同族株主となる）。

　ただし、グループの有する議決権の合計数が、株主総会の普通決議要件を満たす50％を超えるグループがある場合には、50％超のグループに属する株主が同族株主となる（この場合、その他に30％以上の株主グループがいても、同族株主とはならない）。

#### (2)　同族株主がいない会社の場合

　同族株主がいない会社の場合、株主のうち、株主の一人およびその同族関係者の議決権の合計数がその会社の議決権割合の15％以上となるグループに属する株主は、経営支配力を持つ株主に区分され、原則的評価方式が適用される。議決権割合の合計が15％未満のグループに属する株主は、特例的評価方式が適用される。

#### (3)　例外的に特例的評価方式が適用される株主

　(1)の同族株主、または、(2)の議決権割合の15％以上に属する株主の中で、例外的に経営支配力を持つ株主とならず、特例的評価方式が適用される株主とな

---

[13]　次の①～⑤に該当する者等。①：株主の親族（配偶者、6親等内の血族、3親等内の姻族）、②：株主と内縁関係にある者、株主の使用人、その他生活の援助を受けている者、③：①および②に議決権の50％超を保有されている会社、④：①～③に議決権の50％超を保有されている会社、⑤：①～④に議決権の50％超を保有されている会社

る場合がある。

① (1)の同族株主のうち、株式取得後の議決権割合が5％未満で、かつ、**中心的な同族株主**がいる場合に、中心的な同族株主にも役員等にも該当しない株主（次の図表の例外 a ）となる場合。

　中心的な同族株主とは、同族株主の一人ならびにその株主の配偶者、直系血族、兄弟姉妹および一親等の姻族（これらの者が議決権総数の25％以上を所有する同族関係会社を含む）の有する議決権の合計数が、その会社の議決権総数の25％以上である場合におけるその株主をいう。

② (2)のケースで議決権割合の合計が15％以上となるグループに属する株主のうち、株式取得後の議決権割合が5％未満で、かつ、**中心的な株主**がいる場合に、役員等に該当しない株主（次の図表の例外 b ）となる場合。

　中心的な株主とは、同族株主のいない会社の株主のうち、株主の一人およびその同族関係者の議決権の合計数がその会社の議決権総数の15％以上となるグループに属しており、その者一人単独の議決権の数が10％以上となる株主がいる場合におけるその株主をいう。

### 図表 4 - 2 - 3　株主の態様による評価方式の区分

| 株主の態様による区分 | | | | | 評価方式 |
|---|---|---|---|---|---|
| 会社区分 | 株主区分 | | | | |
| 同族株主のいる会社 | 同族株主 | 株式取得後の議決権割合5％以上 | | | 原則的評価方式 |
| | | 株式取得後の議決権割合5％未満 | 中心的な同族株主がいない場合 | | |
| | | | 中心的な同族株主がいる場合 | 中心的な同族株主 | |
| | | | | 役員である株主又は役員となる株主 | |
| | | | | 例外 a | 特例的評価方式 |
| | 同族株主以外の株主 | | | | |
| 同族株主のいない会社 | 議決権割合の15％以上のグループに属する株主 | 株式取得後の議決権割合5％以上 | | | 原則的評価方式 |
| | | 株式取得後の議決権割合5％未満 | 中心的な株主がいない場合 | | |
| | | | 中心的な株主がいる場合 | 役員である株主又は役員となる株主 | |
| | | | | 例外 b | 特例的評価方式 |
| | 議決権割合の15％未満のグループに属する株主 | | | | |

## 4　原則的評価方式

### (1)　会社規模

　株主区分の判定で、経営支配力を持つ株主と判定された場合、その株主が株式を所有する目的は、もっぱら会社の支配にあるものとされ、原則的評価方式が適用される。原則的評価方式は、類似業種比準価額と純資産価額を用いて評価するが、会社規模（大会社・中会社・小会社）により評価方法が異なるため、まず会社規模を確認する。会社規模は、総資産価額（帳簿価額）・従業員数・取引金額（売上高）に応じ、業種ごとに区分される。

　会社規模の判定の手順は、以下の通りである。

| ① 従業員数が70人以上か（70人未満であれば②へ） ・70人以上であればその他の判定基準とは無関係に大会社となる。 |
| --- |
| ② 「総資産価額（帳簿価額）および従業員数」と「取引金額（売上高）」の2つの基準で会社規模を判定し大きい方を選択。 ・総資産価額（帳簿価額）と従業員数の基準では、小さい方の会社規模を選択。 |

　例えば、業種が卸売業、従業員数30名で、総資産価額（帳簿価額）5億円、取引金額15億円という会社の規模を判定すると以下のようになる。

a　従業員数が70人未満のため、②の基準で判定。

b　まず「総資産価額（帳簿価額）と従業員数」の基準で判定する。図表4‐2‐4で総資産価額（帳簿価額）では「中会社の大」であるが、従業員数は「中会社の中」に該当するので、小さい方の「中会社の中」の区分となる。

c　次に「取引金額」の基準でみると、「中会社の大」の区分となり、こちらの方がbより大きいので、このケースでは会社規模は「中会社の大」と判定される。

　　（例えば、このケースで取引金額が3億円であれば、取引金額基準で「中会社の小」の区分となり、「総資産価額（帳簿価額）と従業員数」で選択した「中会社の中」の区分の方が大きいため、会社規模は「中会社の中」となる。）

## 図表4-2-4　会社規模の判定

| 会社規模 | 区分の内容 | | 総資産価額（帳簿価額）および従業員数[※2] | | 取引金額（売上高） |
|---|---|---|---|---|---|
| | | | 総資産価額（帳簿価額） | 従業員数 | |
| 大会社 | 従業員数が70人以上の会社又は右のいずれかに該当する会社 | 卸売業 | 20億円以上 | 35人超 | 30億円以上 |
| | | 小売・サービス業 | 15億円以上 | | 20億円以上 |
| | | その他 | | | 15億円以上 |
| 中会社大 [※1] | | 卸売業 | 4億円以上20億円未満 | 35人超 | 7億円以上30億円未満 |
| | | 小売・サービス業 | 5億円以上15億円未満 | | 5億円以上20億円未満 |
| | | その他 | | | 4億円以上15億円未満 |
| 中会社中 [※1] | 従業員数が70人未満の会社で右のいずれかに該当する会社（大会社に該当する場合を除く） | 卸売業 | 2億円以上4億円未満 | 20人超35人以下 | 3億5,000万円以上7億円未満 |
| | | 小売・サービス業 | 2億5,000万円以上5億円未満 | | 2億5,000万円以上5億円未満 |
| | | その他 | | | 2億円以上4億円未満 |
| 中会社小 [※1] | | 卸売業 | 7,000万円以上2億円未満 | 5人超20人以下 | 2億円以上3億5,000万円未満 |
| | | 小売・サービス業 | 4,000万円以上2億5,000万円未満 | | 6,000万円以上2億5,000万円未満 |
| | | その他 | 5,000万円以上2億5,000万円未満 | | 8,000万円以上2億円未満 |
| 小会社 | 従業員数が70人未満の会社で右のいずれにも該当する会社 | 卸売業 | 7,000万円未満 | 5人以下 | 2億円未満 |
| | | 小売・サービス業 | 4,000万円未満 | | 6,000万円未満 |
| | | その他 | 5,000万円未満 | | 8,000万円未満 |

（※1）　中会社の大・中・小区分は「総資産価額（帳簿価額）および従業員数」で判定した場合と「取引金額（売上高）」で判定した場合のいずれか大きい方の会社規模となる。

（※2）　総資産価額（帳簿価額）と従業員数でそれぞれ判定した場合のどちらか小さい方の会社規模となる。

## (2)　原則的評価方式

　原則的評価方式は、(1)で区分された会社規模に応じて、類似業種比準価額、純資産価額、それらの折衷価額のいずれかにより評価する。

**図表4－2－5　会社規模による評価方法**

| 会社規模 | | 評価方法（いずれか低い方を選択） | |
|---|---|---|---|
| 大会社 | | 類似業種比準価額 | 純資産価額 |
| 中会社 | 中会社（大） | 類似業種比準価額×0.9＋純資産価額×0.1 | |
| | 中会社（中） | 類似業種比準価額×0.75＋純資産価額×0.25 | |
| | 中会社（小） | 類似業種比準価額×0.6＋純資産価額×0.4 | |
| 小会社 | | 類似業種比準価額×0.5＋純資産価額×0.5 | |

① **類似業種比準価額**

　**類似業種比準価額**は、まず、評価会社と業種が類似する上場会社の「配当金額【B】」、「利益金額【C】」および「純資産価額（帳簿価額）【D】」という3つの比準要素を分母に、評価会社の1株当たりの配当金額【b】、利益金額【c】、純資産価額（帳簿価額）【d】を分子にして合計した値の平均値に、類似業種の「株価【A】」を乗じる（会社規模により斟酌率あり）。その際、国税庁から定期的に公表される【B】、【C】、【D】のデータが、1株当たりの資本金等の額50円を前提としているので、評価会社の1株当たりの値【b】、【c】、【d】を計算する場合の発行済株式総数は「資本金等の額÷50円」で計算した株式数に引き直して計算する（自己株式除く）。最後に、1株当たりの資本金等の額／50円を乗じて評価会社の発行済株式数ベースに戻して算出する。

$$A \times \frac{\dfrac{b}{B}+\dfrac{c}{C}+\dfrac{d}{D}}{3} \times \begin{cases} 0.7（大会社） \\ 0.6（中会社） \\ 0.5（小会社） \\ （斟酌率） \end{cases} \times \frac{1株当たりの資本金等の額}{50円}$$

　b ＝直前期末以前2年間の平均値

　c ＝直前期末以前1年間または2年間平均値のいずれかの値

　d ＝直前期末の純資産価額（帳簿価額）

　類似業種の業種目および業種目別株価などは、国税庁から定期的に発表される。

　業種が類似する上場会社の株価【A】は、課税時期の属する月、前月、前々月、前年平均額および課税時期以前2年平均額のうち、いずれか低い金額を使用する。

　評価会社の年利益金額【c】は、損益計算書上の利益ではなく、法人税の

91

課税所得を基礎とした金額となる。

## ②　純資産価額

　**純資産価額**は、課税時期における各資産の相続税評価額[※]から、負債の金額および評価差額（含み益）に対する法人税額等相当額（37％）を控除した金額を発行済株式数で除して算出する[14]。

（※）　ただし、例外として課税時期前3年以内に評価会社が取得した土地、建物等については、相続税評価額（路線価等や固定資産税評価額）によらず、課税時期における通常の取引価額（＝時価）で評価しなければならない。

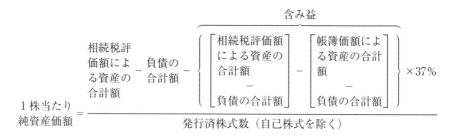

## 5　特定の評価会社の評価

　評価会社の株式を原則的評価方式により評価することになった場合であっても、次のフローチャートに該当するときは、原則的評価方式によらず、特別な評価方法が適用される。

---

[14]　会社を清算した時の含み益が所得として課税されることを考慮し資産額から控除する。なお、経営支配力を持つ株主の議決権割合が50％以下の場合には、この価額の80％を評価額とする（大会社および開業前または休業中の会社を除く）。

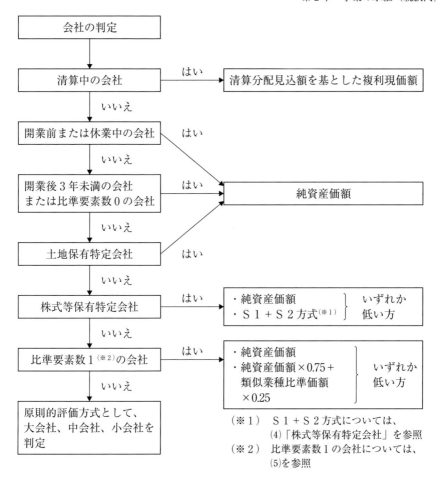

## (1)　清算中の会社

清算中の評価会社の株価は、清算の結果、分配を受けると見込まれる金額を課税時期における価値に換算して計算する。

ただし、長期にわたり清算中のままであり、分配見込額や分配を受けるまでの期間の算定が困難である場合には、純資産価額によって評価する。

## (2)　開業後3年未満の会社等

　**開業後3年未満の会社等**には、(i)開業後3年未満の会社と(ii)類似業種比準要素の3要素ゼロの会社の2種類がある。

　いずれも、原則、純資産価額で評価しなければならない。

　なお、1株当たりの純資産価額の計算においては、経営支配力を持つ株主の議決権割合が50％以下である場合には、20％の評価減の適用を受けることができる。

## (3)　土地保有特定会社

　**土地保有特定会社**とは、評価会社の総資産価額に占める土地等（土地、土地の上に存する権利）の保有割合が高い会社をいい、該当するかどうかの判定は相続税評価額ベースで次のとおりである。土地保有特定会社に該当すると、株式は純資産価額で評価される。

　なお、1株当たりの純資産価額の計算においては、経営支配力を持つ株主の議決権割合が50％以下である場合には、20％の評価減の適用を受けることができる。

### 図表4-2-6　土地保有特定会社の判定

| 会社規模 | 土地保有割合<br>（相続税評価額による） |
|---|---|
| 大会社 | 70％以上 |
| 中会社 | 90％以上 |

| 会社規模 | 総資産価額（帳簿価額） | | | 土地保有割合<br>（相続税評価額による） |
|---|---|---|---|---|
| | 卸売業 | 小売・サービス業 | それ以外 | |
| 小会社 | 20億円以上 | 15億円以上 | | 70％以上 |
| | 20億円未満<br>7000万以上 | 15億円未満<br>4000万以上 | 15億円未満<br>5000万以上 | 90％以上 |
| | 7000万未満 | 4000万未満 | 5000万未満 | 適用除外 |

## (4)　株式等保有特定会社

　**株式等保有特定会社**とは、評価会社の総資産価額に占める株式等（株式、出資、新株予約権付社債）の保有割合が高い会社をいい、該当するかどうかの判定は相続税評価額ベースで次のとおりである。株式等保有特定会社に該当すると、株式は純資産価額方式とS1＋S2方式（簡易評価方法）のいずれか低い方で評価される。

なお、1株当たりの純資産価額の計算においては、経営支配力を持つ株主の議決権割合が50％以下である場合には、20％の評価減の適用を受けることができる。

図表4-2-7　株式等保有特定会社の判定

| 会社規模 | 株式保有割合（相続税評価額による） |
|---|---|
| 大会社 | 50％以上 |
| 中会社 | |
| 小会社 | |

S1＋S2方式（簡易評価方法）とは、株式等とその他の財産に区分して、株式等は株式等だけで評価（S2）し、その他の財産はその他の財産だけで評価（S1）して、両者を合計した連結的評価方式である。

### (5)　比準要素数1の会社

比準要素数1の会社とは、類似業種比準価額算出の3つの要素である、直前期の1株当たりの配当金額、1株当たりの利益金額、1株当たりの純資産価額（帳簿価額）のうちいずれか2つがゼロであり、かつ直前々期において2つ以上の比準要素がゼロである会社をいう[15]。

比準要素数1の会社の株式は、純資産価額もしくは純資産価額×0.75＋類似業種比準価額×0.25の折衷価額で評価する。

なお、1株当たりの純資産価額の計算においては、経営支配力を持つ株主の議決権割合が50％以下である場合には、20％の評価減の適用を受けることができる。

## 6　特例的評価方式

経営支配力を持つ株主以外の株主が株式を保有する目的は、もっぱら配当金を受け取ることにあると考えられることから、特例的評価方式（**配当還元価額**）で、原則、評価する。配当還元価額は、その評価会社の株式を所有することによって受け取る1年間の配当金額を、一定の利率（10％）で還元して株式の価額を計算する。

$$配当還元価額 = \frac{年配当金額^{(※)}}{10\%} \times \frac{1株当たりの資本金等の額}{50円}$$

---

[15]　直前々期の比準要素の計算には、直前々期の数値を用いるため、3期分の数値で判定することになる。

（※）　年配当金額

$$= \frac{\text{直前期末以前 2 年間の配当額}}{2} \div \left( \begin{array}{l} \text{1 株当たりの資本金額を50円} \\ \text{とした場合の発行済株式総数} \end{array} \right)$$

年配当金額が 2 円50銭未満となる場合および無配の場合の年配当金額は2円50銭とする。また、特別配当や記念配当など毎期継続しないものは計算上除かれる。

また、配当還元価額よりも、原則的評価方式で評価した価額の方が低い場合はその価額を適用することができる。

## Column 4-2-5

# 種類株式の評価方法

2006年 5 月に施行された会社法により多種多様な種類株式の発行が認められるようになり、中小企業の事業承継においてもその活用が期待されることとなった。そこで、活用が想定される典型的な 3 類型の種類株式の評価方法について、2007年 3 月 9 日付けで、国税庁より「種類株式の評価について（情報）」が公表された。

### ①　第一類型　配当優先の無議決権株式

普通株式に優先して剰余金の配当がある代わりに、すべての議決権を行使することができない種類株式をいい、原則として普通株式と同様に評価する。具体的には、類似業種比準価額で評価する場合の「 1 株当たり配当金額」は種類株式ごとに計算し、純資産価額で評価する場合には、配当優先の有無にかかわらず通常どおりに評価する。

なお、一定の要件を満たす場合（届出書の提出等）には、議決権がない点を考慮し、無議決権株式について普通株式評価額から 5 ％を減額し、その額を議決権株式の評価に加算する調整計算を相続時に納税者が選択することができる。

### ②　第二類型　社債類似株式

一定期間後に、発行会社が発行価額でその全部を取得（償還）する旨の条件が付された配当優先で無議決権の種類株式をいい、経済的実質が社債

に類似していると認められるため、社債に準じた発行価額により評価する。ただし株式であるため発行価額に既経過利息に相当する配当金の加算は行わないこととされ、また①の調整計算の対象ともならない。

### ③　第三類型　拒否権付株式

　株主総会などにおける決議事項について拒否権を発動できる種類株式をいい、別名「黄金株」ともいう。拒否権付株式については、拒否権を考慮せずに、普通株式と同様に評価する。

## 例題 4 - 2 - 2

　正しいものに○、誤っているものに×を付けその理由を説明しなさい。

① 　Aグループの議決権総数合計が19％、Bグループの議決権総数合計が18％、その他少数株主63％の会社において、Aグループに属する議決権総数5％のAは中心的な株主となる。

② 　議決権の51％を保有する同族株主がいる場合、残りの49％を保有する他の株主も同族株主であり、原則的評価方式が適用される。

③ 　評価会社の従業員数が70人以上の場合、他の要素は関係なく大会社として評価される。

④ 　類似業種比準価額を計算する際の比準要素とは、利益、配当、時価純資産価額の3要素である。

⑤ 　純資産価額は相続税評価額により計算し、分母は発行済株式総数から自己株式を除く。

⑥ 　土地保有特定会社の判定にあたっては、総資産に占める土地等の保有割合が70％以上かどうかを基準とする。

⑦ 　配当還元価額を計算する場合の配当金額は、評価会社の直前期末および直前々期末における1株当たりの配当金額の平均値であり、特別配当金等も含めて計算する。

# 解答・解説

① × 同族株主のいない会社の株主で、議決権総数が15%以上の株主グループに属し、かつ単独所有の議決権総数が10%以上の株主が中心的な株主となる。

② × 議決権の50%超を保有する同族株主がいる場合は同族株主以外の株主となり、特例的評価方式が適用される。

③ ○ 従業員70人以上または図表4-2-4上段の右のいずれかに該当する会社は大会社となる。

④ × 類似業種比準価額を計算する際の1株当たり純資産額は簿価で計算する。

⑤ ○ 問題文の通り。

⑥ × 中会社の場合は90%以上が基準となる。

⑦ × 特別配当金は除いて計算する。

# 第3節　自己株式の取得・処分

## 学習ポイント

●自己株式の取得に関する手続を理解する。
●自己株式の取得に関する財源規制を理解する。

### 1　自己株式の活用

株式会社は**自己株式**を取得したり、保有や消却、処分したりすることによって、様々な場面で自己株式を活用することができる。具体的な活用例は以下のとおりである。なお、自己株式には、剰余金の配当や残余財産を受ける権利はなく、議決権も有しない。

#### (1)　事業承継

非上場会社の事業承継において大きなネックとなるのが自社株を後継者へ承継する際にかかる高額な相続税・贈与税である。この納税資金の確保のためによく用いられるのが、オーナーや後継者が承継する株式の一部を会社に売却し、会社側は自己株式取得の対価として現金を支払う手法である。なお、会社は自己株式を取得することで手持ち資金が社外へ流出することとなり、資金繰りを悪化させる要因になる可能性があるため、会社の事業計画や資金計画等に留意する必要がある。

#### (2)　少数株主の整理

株式が取引先や知人等、多数の株主に分散している場合、株主の管理に手間や費用がかかる上、議決権も分散することとなるため、意思決定がスムーズにいかなくなる可能性がある。そこで会社が自己株式を取得することで、オーナー一族に議決権を集約し、同時に株主管理の負担を軽減することができる。

#### (3)　M&Aの対価

買手と売手の合意の下で行われるM&Aに際しては、対価として自己株式が利用される。これは自己株式を活用することにより、新株を発行した際のコスト負担や発行済株式数の増加による株式価値の希薄化といった弊害を防ぐことができるためである。このうち、株式会社が他の株式会社をその子会社とするために他の株式会社の株式を譲り受け、この株式の譲渡人に対して株式の対価として当該株式会社の株式を交付することを**株式交付**といい、2021年3月1日から新しく制度化された組織再編行為である。この株式交付により被買収会社

の株主に生じる株式譲渡益課税に対しこれを繰り延べる税制も整備されており、今後のより一層の活用が期待される。

### (4)　従業員持株会

従業員持株会とは、会社が従業員に自社の株式を付与する制度をいい、付与にあたって、新株の発行に代えて自己株式を処分して付与することもできる。

## 2　自己株式の取得

自己株式の取得とは、一般的に株式会社が自ら発行した株式を他の株主から取得する行為をいう。かつては、自己株式の取得は、資本充実維持の原則や株主平等の原則に反することなどを理由に原則として禁止されており、例外的に取得した場合であっても保有はできず、取得後すぐに処分する必要があった。しかし、2001年の商法改正により、自己株式の取得に係る一定の規制の範囲内では、取得や保有が認められることとなった。この一定の規制は、大きく「**手続規制**」と「**財源規制**」の２つに分けられ、「手続規制」は主に株主の利益を保護するため、「財源規制」は主に債権者を保護するために定められている。この改正により、企業再編や敵対的買収への防衛、事業承継への活用、相続対策、少数株主の整理など様々な目的のために自己株式の取得が利用されるようになった。なお、自己株式は長期間保有することが可能になったことから「金庫株」とも呼ばれている。

### (1)　**自己株式を取得することができるケース**

株式会社が自己株式を取得することができるケースは、会社法に定める一定の場合に限定されており、株主との合意による取得とその他の取得の大きく２つに分けることができる。株主との合意により取得する場合、原則としてすべての株主に平等に売却の機会を与える必要があるが、特定の株主から取得することも認められ、市場買付や公開買付での取得も可能となっている。

自己株式を取得することができるケースを一部列挙すると、次のようなものがある。

・取得条項付株式の取得事由の発生による取得
・譲渡制限付株式[16]の買取り人に会社がなる場合の取得

---

[16]　株式会社がその発行する全部または一部の株式の内容として譲渡による当該株式の取得について当該株式会社の承認を要する旨の定めを設けている場合における当該株式をいう。会社にとって予期せぬ人物が株主になることを防ぐことができるため、中小企業の多くが譲渡制限付株式を導入し、株式の譲渡に制限を設けている。

・株主との合意による有償取得
・全部取得条項付種類株式の全部取得
・相続人等に対する売渡請求[17]に基づく買取り
・所在不明株式の売却手続における買取り

---

**Column 4-2-6**

## 自己株式に配当を受ける権利や議決権はあるか？

　自己株式には、剰余金の配当や残余財産の分配を受ける権利はない。これは株式会社が自らの剰余金の配当や残余財産の分配を受けると再度それを収益認識しなければならず、利益の二重計上となるためである。

　また、自己株式は議決権を有しない。これは、株式会社はその構成員が株主であり、株式会社自身が株式会社の構成員となることはできず、議決権は生じないとする考え方に基づくものである。また、自己株式に議決権を与えることで、取締役（経営陣）による会社支配のおそれが生じるためでもある。

　通常、株主は剰余金配当請求権や残余財産分配請求権のような自益権と、議決権の行使による共益権を有しているが、自己株式にはこのいずれの権利も付与されておらず、株主としての権利を伴わない株式といえる。

---

### ⑵　手続にかかる規制（株主との合意による場合）

　上記⑴に記載のとおり、株主との合意により自己株式を取得する場合については、原則としてすべての株主に平等に売却の機会を与える必要がある。一方で特定の株主から取得することも認められているため、会社法はその取得手続についてより厳格な規制を設けている。

### ①　すべての株主に平等に売却の機会を与える場合

　a～cの順に手続を行う。

---

[17] 株式会社は、相続その他の一般承継により当該株式会社の株式（譲渡制限株式に限る）を取得した者に対し当該株式を当該株式会社に売り渡すことを請求することができる旨を定款で定めることができる。「相続発生時に相続人が複数いる場合など株主数増加に伴う株式離散を防止する」、「経営状況を熟知している者に株式を集中することにより企業経営をより円滑に行う」という2点を目的に設けられている。

a　原則として株主総会の普通決議により次のとおり取得枠を定める。なお、取得枠を定めても、あくまで枠を定めたのみであり、会社は取得を義務づけられるわけではない。

・取得する株式の数

・取得と引換えに交付することとなる金銭等の内容およびその総額

・株式を取得することができる期間（1年以内）

b　上記aの取得枠の範囲内において、取締役会設置会社では取締役会決議により、非取締役会設置会社では原則として取締役の過半数の決定により、次の事項を取得の都度定める。

・取得する株式の数

・取得対価の内容、数もしくは額またはこれらの算定方法

・取得対価の総額

・株式譲渡の申込期日

c　上記bの決定事項を株主に通知もしくは公告（**公開会社**[18]のみ）し、その通知に応じる株主は株式譲渡の申込みを行い、自己株式の取得が成立する。

## ②　特定の株主から取得する場合

特定の株主から取得する場合は、その特定の株主とそれ以外の株主との平等を図るため、①の場合と比較してより厳しい手続規制が定められている。

具体的には、上記①aの取得枠の決定については、株主総会の特別決議が必要となる。この際、特定の株主からのみ取得する旨もあわせて決議することとなるが、株主総会に先立ち、他の株主に対して自己を「特定の株主」に加えたものを株主総会の議案とすることができる旨を通知しなければならず、この通知を受けた他の株主は「特定の株主」に自己を追加するよう会社に請求することができる（売主追加の議案変更請求権という）。

この売主追加の議案変更請求権は、それを適用しない旨を定款に定めることができ、この場合は特定の株主からの株式取得だけを株主総会で決議すればよいこととなる。ただし、株式の発行後に売主追加の議案変更請求権を適用しない旨の定款変更をしようとするときは、株主全員の同意を得なければならない。

## ③　相続人等から取得する場合

相続等により会社にとって好ましくない者が株主となるのを避けるため、会

---

[18]　公開会社とは、その発行する全部または一部の株式の内容として譲渡による当該株式の取得について株式会社の承認を要する旨の定款の定めを設けていない株式会社をいう。

社がその相続人その他の一般承継人（以下「相続人等」という）からスムーズに自己株式を取得することができるよう、特別な定めが設けられており、会社と相続人等との間で合意により取得する場合に限って、上記②にある他の株主への通知は不要とされ、売主追加の議案変更請求権の行使もできないこととされている。

ただし、次のいずれかに該当する場合には、売主追加の議案変更請求の手続を原則どおり適用しなければならない。

・株式会社が公開会社である場合
・当該相続人その他の一般承継人が株主総会において当該株式について議決権を行使した場合

なお、「相続人等に対して株式の売渡しを請求できる旨」を定款に定めた場合には、会社が相続人等に対し売渡請求権を行使して自己の株式（譲渡制限株式に限る）を強制的に取得することも可能となる。

## 3　財源にかかる規制

自己株式の取得は債権者保護の観点から財源規制がかかっており、剰余金の配当と同様に**分配可能額**の範囲内での取得のみが認められている。これは自己株式の取得が実質的に**資本の払い戻し**であるためである。仮に分配可能額を超える自己株式の取得がなされた場合、その関係者（株式を会社に譲渡した株主および職務を行った取締役等）は会社に対して取得対価に相当する金銭の支払義務を負うこととなり、会社の債権者は株式を会社に譲渡した株主に対し金銭の支払いを請求できる。なお、分配可能額を超える自己株式の取得がなされた場合に自己株式の取得行為が有効となるか否かについて、会社法の立案担当者は有効であるとの前提に立っているが、無効であるとする有力な学説もある。

更に、分配可能額の範囲内で自己株式の取得が行われたものの、自己株式の取得が行われた事業年度において欠損が生じることとなった場合には、その職務執行者はその職務について注意を怠らなかったことを証明しない限り、欠損額を会社に支払う義務を負う。なお、単元未満株式の買取り請求に基づく買取り、他の会社の事業の全部を譲り受ける場合の取得、合併消滅する会社からの株式の承継による取得、吸収分割をする会社からの株式の承継による取得、その他法務省令で定める場合として例示列挙した株式を無償で取得する場合や現物分配により自己株式を取得する場合は会社側の意思によらない強制的な取得であるため財源規制の対象とはならない。

## Column 4-2-7

### みなし配当課税

　自己株式の取得は、会社法上、「資本の払戻し」という考え方であることから、会計上もその考え方と整合するような処理が定められている。一方で、税務上も「資本の払戻し」という考え方であることは同じだが、その払戻しの金額（＝譲渡金額）の内訳のとらえ方が異なるため注意が必要である。具体的には、会計上は譲渡金額全額を「資本の払戻し」と考えるため、全額を自己株式として純資産の部にマイナス計上する。ところが、税務上は譲渡金額を①株主が当初出資した金額である純粋な「資本の払戻し」の部分の金額と、②①の出資額を超える払戻し（それまでに発行会社が稼得してきた利益の分配にあたる部分）の金額に分けて考える。この②の部分の金額はいわゆる「**みなし配当**」として課税されるため注意が必要である。

　発行会社側においては、②の部分については通常の配当と同様とみなすこととなるので、自己株式の譲渡代金からみなし配当にかかる金額について配当に係る源泉徴収を行い、その翌月10日に源泉所得税を所轄税務署に納付する必要がある。更に、配当等とみなす金額に関する支払調書合計表の税務署への提出が必要となる。

　株主側においては②の部分は配当収入・配当所得となり、①部分の譲渡所得とは別の課税関係が生じることとなるので確定申告を行う上で注意が必要である。

## 4　自己株式の処分

　**自己株式の処分**とは、株式会社が取得した自己株式をもう一度社外の株主へ放出することをいう。自己株式の処分は実質的に新株の発行と変わりがないため、株式会社が自己株式の処分をする場合には、原則として株式の発行の場合と同様の手続が必要となる。

## Column 4-2-8

# 自己株式の「処分」と「消却」の違い

　自己株式の「処分」と「消却」はいずれも自己株式を取得した後に行う行為であり、似ているイメージを持たれることが多い。自己株式の処分は会社が取得した自己株式を再度社外の株主へ放出することをいう。会社の発行済株式総数に変更はなく、単純にその株式の株主が自社から別の法人や個人に変更となるイメージである。一方、**自己株式の消却**は、会社が取得した自己株式を消滅させることをいい、「処分」とは大きく異なる。「消却」は会社の発行済株式総数が減少することとなるが、発行済株式総数が減少するということは1株あたりの株式の価値が高まることであり、上場株式などは株価が上昇することがある。

## 例題 4-2-3

　正しいものに〇、誤っているものに×を付け、その理由を説明しなさい。
① 自己株式の取得は制限されておらず、自由に取引ができる。
② 自己株式は金庫株とも呼ばれる。
③ 自己株式にも配当を受ける権利がある。
④ 自己株式にも議決権がある。
⑤ 自己株式は分配可能額の範囲内でのみ取得することができる。

## 解答・解説

① × 自己株式の取得は株主保護と債権者保護の観点から、一定の規制のもと、一定の場合にしか認められていない。

② ○ 問題文の通り。

③ × 自己株式は配当を受けることはできない。

④ × 自己株式には議決権はない。

⑤ ○ 問題文の通り。

# 第 4 節　持株会社スキーム

## 学習ポイント

●持株会社の株価評価の仕組みと持株会社のメリットを知る。
●株価上昇の緩和効果を理解する。
●ファミリーの資産管理やファミリー企業の経営管理におけるファミリーガバナンス構築の重要性を理解する。
●オーナーからの借入金の処理について税務上の留意点を理解する。
●株式買取りを行うための資金調達方法と、その返済原資を検討する重要性を理解する。

## 【1】　持株会社株式の評価

### 1　導入に至る場面

　持株会社とは、他の会社の株式を保有することを目的とする会社をいい、「ホールディングス」とも呼ばれている。持株会社には、自ら事業活動を行わず、他の会社の株式を保有することで、他の会社の事業活動を支配することのみを目的とする「純粋持株会社」と、自らも事業活動を行いつつ、他の会社の株式も保有する「事業持株会社」がある。

　持株会社は事業会社の創業者（以下、「オーナー」という）が事業会社の株式を保有する場合に、後継者への事業承継の手法の 1 つとして多く利用される。オーナーが保有していた事業会社の株式を持株会社に移転することにより、オーナーによる直接保有から持株会社を通じた間接保有へと変化する。

### 2　持株会社設立の効果

　持株会社を活用した事業承継スキームでは、次に掲げるような効果が期待される。

#### (1)　株価上昇の抑制

　事業会社の株式を間接保有する持株会社の株式の相続税評価のうち純資産価額は、資産の含み益に対し、法人税等相当額37％[19]を控除して評価される。

---

[19]　法人税（地方法人税を含む）、事業税（特別法人事業税を含む）、道府県民税および市町村民税の税率の合計に相当する割合。2016年 4 月 1 日以後に開始する事業年度より37％によることとされている。

　持株会社を設立した当初においては、事業会社の評価と持株会社における事業会社の株式評価は一致するため、節税効果は期待できない。持株会社設立後、長期間にわたって事業会社の業績が好調な場合において、事業会社の株価が上昇することによって生ずる事業会社株式の含み益に対して法人税等相当額37%を控除して純資産価額を評価することで、その分持株会社の株式評価の上昇が抑制され、節税効果が期待できる。

## (2)　相続発生時における株式分散化の防止

　資産管理を目的とする持株会社は、事業会社と比較すると、取引先などの第三者との関係維持にさほど神経質になることなく、株主構成や役員構成などの機関設計が柔軟に行えることから、経営者やそのファミリーの安定的なライフプランを考えることができる。

　また、株主構成を自由に設計することが可能なため、持株会社の設立時に種類株式などを導入することで、経営と資本の分離が可能となり、相続発生時における株式散逸化を防ぐ効果が期待できる。

## (3)　財産の組み替え等による株価の引下げ

　持株会社が非上場会社の場合、相続税法上の株式評価額の算定において、総資産に占める株式等の割合により株式保有特定会社に該当するか否かを判定する。大会社、中会社、小会社ともにその割合が50%以上の場合に株式保有特定会社と判定される。株式を保有することを目的とする持株会社は総資産のうち株式等の占める割合が高いことから、株式保有特定会社に該当する可能性が高いと考えられる。

　株式保有特定会社の評価方法は、純資産価額もしくは（S1＋S2）方式によることとされている。一般的に、純資産価額や（S1＋S2）方式により算出した価額は、類似業種比準価額により算出した価額より高くなるケースが多い。それは、類似業種比準価額の計算における純資産価額は、法人税法上の帳簿価額を用いることから、子会社たる事業会社の株式評価額が上昇しても、持株会社の株式評価額に与える影響が少ないと考えられるためである。つまり、株式保有特定会社に該当すると、相続税評価上は不利なことが多いといえる。

　次のような対策を行うことにより、総資産に占める株式等の割合が低下し、株式保有特定会社に該当しないことになり得るため、相続税評価額の引き下げ効果が期待できる。

・不動産、リース資産、保険積立金、貸付金債権といった株式等以外の資産への投資を行う

・持株会社に事業を営ませ、事業資産を取得させる

・事業会社または他社との合併・事業買収等により総資産額を増加させる

・持株会社に事業会社の事業遂行のために必要な資産を保有させ、事業会社に貸し付けさせる

　ただし、合理的な理由もなく、資産構成を組み替えることにより、株式保有特定会社の評価を外そうとした場合は、その変動はなかったものとして、税務上、否認される可能性がある。例えば、相続発生直前に借入を起こして総資産価額を膨らませるなどの操作により、株式保有特定会社として判定されることを免れようとしたと認められるような場合がこれに該当する。相続発生時を見据えた長期的な対策が必要といえる。

## 3　持株会社設立の手法

　持株会社は、持株会社設立後に株式を単純売却する手法のほか、組織再編成の手法を用いて設立することができる。

### (1)　株式の単純売却

　持株会社となる会社を設立後、事業会社の株主であるオーナーが持株会社へその株式を売却する手法である。

　株主個人が持株会社へ株式を売却し譲渡益が生じた場合は、分離課税の対象となり、譲渡益に対し20.315％（所得税15.315％[20]、住民税5％）の税率が適用される。ただし、譲渡価額が時価の2分の1未満である場合は、株主個人側ではみなし譲渡課税、持株会社側では受贈益が計上され、法人税が課税されるため、注意が必要である。

　また、持株会社側では株式取得資金を用意する必要があるため、潤沢な資金を有する場合を除き、オーナーや金融機関などから資金を調達しなければならないというデメリットも存在する。

### (2)　現物出資

　持株会社となる会社を設立後、他の会社の株主個人が持株会社へその株式を**現物出資**する手法である。

　現物出資は株式の譲渡とみなされるため、株式の売却と同様、譲渡益に対し20.315％の税率が適用される。ただし、その価額が出資した株式の時価の2分の1未満である場合には、その時価を収入金額とみなして譲渡益を算定するこ

---

[20]　所得税と復興特別所得税の合計額。2013年から2037年までは、復興特別所得税として所得税額に2.1％を乗じた額をあわせて納付する必要がある。

ととなるため、注意が必要である。

## ⑶　会社分割

　一または二以上の株式会社または合同会社が新設分割計画に基づき、分社型新設分割により分割会社の事業を新設する分割承継会社に承継させる手法である。

　**会社分割**を行うにあたっては、税制上の適格要件が重要視され、それが**適格組織再編**であるか、**非適格組織再編**であるかによって、課税関係が異なるため、実行に当たっては注意が必要である。

図表4-2-8　会社分割

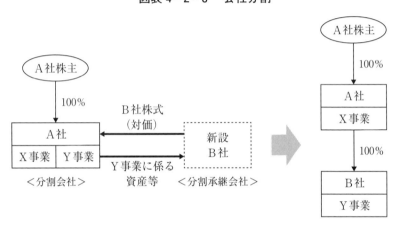

## ⑷　株式移転

　**株式移転**とは、一または二以上の株式会社が株式移転計画に基づき、その発行済株式の全部を新たに設立する株式会社に取得させることをいい、株式移転により設立する会社を株式移転完全親会社、株式移転をする会社を株式移転完全子会社という。

　なお、株式移転を行うにあたっては、税制上の適格要件が重要視され、それが適格組織再編であるか、非適格組織再編であるかによって、課税関係が異なるため、実行に当たっては注意が必要である。

図表 4 - 2 - 9　　株式移転

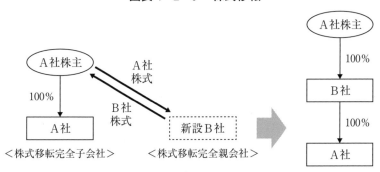

⑸　**株式交換**

　**株式交換**とは、会社間で株式交換契約を結び、株式会社がその発行済株式の全部を他の株式会社に取得させることをいい、その株式の全部を取得する会社を株式交換完全親会社、株式交換をする会社を株式交換完全子会社という。

図表 4 - 2 -10　　株式交換

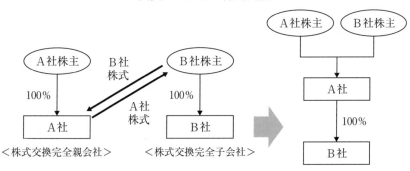

　なお、株式交換を行うにあたっては、税制上の適格要件が重要視され、それが適格組織再編であるか、非適格組織再編であるかによって、課税関係が異なるため、実行に当たっては注意が必要である。

図表 4-2-11　適格組織再編成の要件

| ①持株割合 100% | **株式継続保有要件**<br>同一の者によってそれぞれの会社の発行済株式等の全部を直接または間接に保有される関係にあり、継続保有が見込まれること。 |
|---|---|
| ②持株割合 50%超 100%未満 | **株式継続保有要件**<br>同一の者による支配関係が継続すると見込まれること。<br>**従業員引継要件**<br>子会社のおおむね80%以上の従業員の引継ぎが見込まれること。<br>**事業継続要件**<br>子会社の主要な事業の継続が見込まれること。 |
| ③持株割合 50%以下 | **事業関連性要件**<br>親会社と子会社の事業関連性があること。<br>**事業規模要件** または **特定役員参画要件**<br>子会社の規模の割合が5倍以内または子会社の特定役員[21]が親会社の特定役員となることが見込まれること。<br>**従業員引継要件**<br>子会社のおおむね80%以上の従業員の引継ぎが見込まれること。<br>**事業継続要件**<br>子会社の主要な事業の継続が見込まれること。<br>**子会社株式継続保有要件**<br>会社が子会社株式を継続して保有することが見込まれること。 |
| 上記①～③のすべての再編において、原則として、子会社の株主に親会社の株式以外の資産が交付されないこと。 | |

図表 4-2-12　課税関係

|  | 移転資産の引継価額 | 移転資産に係る損益の認識 |
|---|---|---|
| 適格組織再編 | 簿価引継 | 認識しない |
| 非適格組織再編 | 時価引継 | 認識する |

## 【2】　オーナーファミリーとのかかわり

### 1　ファミリーガバナンス

　オーナーが直接保有する事業会社の株式を持株会社に移転すると、持株会社はオーナーの資産管理会社としての役割も担う。その場合、持株会社はオーナーの相続や事業承継対策の一環として利用されることになり、ファミリーの存続

---

21　**特定役員**とは、社長、副社長、代表取締役、代表執行役、専務取締役もしくは常務取締役またはこれらに準ずる者で法人の経営に従事している者をいう。

と繁栄、更には事業や資産を維持するために、ファミリーメンバーの統率・意思統一（ファミリーガバナンス）を図ることを目的として、次のような事項の検討をしておく必要がある。

### (1)　ファミリーメンバーの持分権

　持株会社においては、株式の取得、移転、処分についての方針を設定しておくことが不可欠である。本章第1節【2】「親族内の事業承継」に記載のとおり、後継者が安定した経営を図るためには後継者以外の事業に関与しないファミリーメンバー（後継者以外の相続人等）に配慮しながら、後継者へ株式の集中を図ることが重要となる。

### (2)　事業に関与しないファミリーメンバー

　後継者と、株式を所有してはいるが事業に関与していない相続人とは、相互に利害が対立することが多い。なぜなら、保有者の立場により、保有する株式に対する意味が異なるためである。後継者は安定した経営を図るために議決権を重視するが、事業に関与しない相続人は株式固有の財産権のみを重視することが想定される。

　この利害の対立を防止するため、後継者に株式を、経営に関与しない後継者以外の相続人には株式以外の財産を承継させるなど、両者の「公平」性を確保できるような対策を相続発生前に講じておくことが重要といえる。

### (3)　ファミリーメンバーの事業への参画

　多くのオーナー経営者が後継者の候補として考えるのは、まずは親族で、親族の中でも子がいる場合は子が中心となる。子への承継は、子に後継者としての資質と自覚があれば、周囲の理解も得られやすいだろう。しかし、子に後継者としての資質や自覚が備わっていない場合には、他の親族、社内もしくは外部から後継者候補を探すこととなる。

　オーナーの子だからといって、事業への参加を、義務あるいは当然の権利と考えるのではなく、事業へ参加するための資格・能力・会社での地位などについてルールを定めておくことが重要である。


## 2　オーナーからの借入金の処理

　持株会社での資産の取得や運転資金のために、オーナーから借入金という形で提供を受けることがある。また、本節【1】3(1)で記載のとおり、持株会社で事業会社の株式を取得する際にも、まとまった資金が必要となることから、オーナーから資金を借り入れる場合がある。

## (1)　借入金の返済方法

### ①　単純弁済

　現金により返済を行う方法であり、持株会社に潤沢に手元資金がある場合もしくは継続して利益が出ている場合に有益な方法といえる。手元資金がない場合には、不動産等の資産の売却、金融機関からの借入れ、役員報酬の減額等を通じて捻出した資金をもとに返済することとなる。

### ②　代物弁済

　現金以外の資産（不動産、株式、債券など）により返済を行う方法である。法人税法上、**代物弁済**は資産を時価により売却したものと捉えられるため、時価が帳簿価額を超える場合にはその差額が売却益となり、法人税の課税対象となる。また、代物弁済時の時価が借入れによる債務額を超える場合には、その差額が法人側では寄附金となり、オーナーが現役の役員であれば役員賞与として認識されるほか[22]、源泉徴収も必要となる。また、持株会社が消費税の課税事業者の場合には、課税対象資産である建物等による代物弁済に対して消費税が課税されるため、注意が必要である。

### ③　債権放棄

　**債権放棄**とは、貸手であるオーナーの意思により、貸付金債権の一部または全部を消滅させる行為をいい、借手である持株会社側からは債務免除と呼ばれる。

　債務免除を受けた持株会社は、その帳簿価額だけ債務免除益が生じ、法人税が課税される。

### ④　DES（デット・エクイティ・スワップ）

　**DES**とは、貸手であるオーナー側からすると貸付金債権を現物出資する取引であり、資金の借手である持株会社側からすると借入金を資本に組み入れる行為である。

　現物出資は時価により行われたものとされるため、DESにより消滅する貸付金債権の金額が取得する株式の時価と同額の場合には課税関係は生じないが、時価の方が低い場合には、持株会社において債務免除益が生じ、法人税が課税される。

### ⑤　擬似DES

　オーナーが出資として金銭を払い込み、払い込んだ金銭によりオーナーに対

---

[22]　役員を退任している場合には、オーナー側では一時所得となる。

し借入金を返済する方法である。

　DESに金銭を介在させるだけで、完成形は④と同様である。ただし、擬似DESの場合、現物出資ではないため持株会社側において債務免除益が生ずることはないが、擬似DESを利用する目的が**租税回避**[23]のみであって、それ以外に経済合理性のある目的が認められないような場合には、通常DESとの対比から、税務否認等のリスクを伴う取引となる可能性があるので注意が必要である。

### (2)　相続発生時の留意点

　相続発生時までオーナーが貸付金債権を有している場合、債権として相続財産に含まれる。原則として、貸付金債権は、返済される元本の金額をベースに、直前の利払い日からの未収利息（既経過利息）を加味して評価することとされている。

　貸付金債権の回収が不可能または著しく困難であると見込まれる場合には、回収不能部分を元本の額に算入しないことが認められているが、その事実認定は難しく、原則として、返済されるべき元本の金額の全額が相続財産に含まれることとなる。

　一方、非上場株式は本章第2節「自社株式評価の体系」の記載のとおりに評価される。その株式の評価額は貸付金債権の元本の金額よりも小さくなる可能性もあり得る。つまり、貸付金を出資へ変更することで、相続財産を圧縮する効果も期待される。

---

## Ｃｏｌｕｍｎ 4-2-9

### 相続税法における回収不能な債権となる判断基準

　どのような事実が生じた場合に回収不能な債権と判断でき、元本の額に算入しないことができるのか？

　財産評価基本通達では、相続発生時点で、債務者が手形交換所において取引停止処分を受けたとき、会社更生法・民事再生法の規定により更正・再生手続開始の決定がされたときなどに該当する事実が発生している場合のほか、「その回収が不可能または著しく困難であると見込まれるとき」に、

---

[23]　租税回避とは、「私法上の形成可能性を異常または変則的な・・・態様で利用すること（濫用）によって、税負担の軽減または排除を図る行為のこと」（金子宏『租税法（第24版）』pp. 133-134（弘文堂、2021））をいう。

それらの金額は元本の価額に算入しないこととされている。

「その回収が不可能または著しく困難であると見込まれるとき」の事実認定は非常に難しい。

債務者である会社の資産状況は債務超過で、営業状況は赤字である場合に、実質的に貸付金債権が回収できない状況になっていたとしても、直ちに経営破綻するわけではなく、事業を継続している会社は多く存在していることから、債務超過だからといって貸付金債権が回収不能であるとは判断されない。

会社が存在する限りは役員報酬を削減するなどして、長期的に回収していけると判断されるケースが多く、回収不能部分として元本の額に算入しないことが認められず、納税者敗訴となった判例も多く存在するため、注意が必要である。

## 3　ファイナンススキーム

会社の資金調達先としては、前記2で記載したオーナー個人のほか、金融機関も想定されうる。

### (1)　株式買取りのための資金調達

金融機関から借入れを行うことのメリットとして、安定的な収入があれば比較的利用しやすく、返済を滞らせなければ経営に関与されるリスクがないことがある。その反面、返済完了までの間は利息を含めた返済が必要となるため、キャッシュフローを圧迫するというデメリットも生じる。よって、借入時に返済原資を検討し、返済のシミュレーションを行っておく必要がある。

### (2)　返済原資の検討

借入金の返済にあたり、当期純利益を原資とするが、特に持株会社は、事業会社からの受取配当金を原資に返済していくことが想定されるため、毎期安定的に配当を行うなど対策が必要である。

持株会社側では、原則として、受取配当金に対して法人税が課税される。しかし、持株会社と事業会社との間に**完全支配関係**[24]がある場合には、その配当金はグループ間の内部取引であるため、二重課税防止の観点から、**グループ法**

---

[24]　完全支配関係とは、一の者が法人の発行済株式等の全部を直接もしくは間接に保有する関係（以下、「当事者間の完全支配関係」という）または一の者との間に当事者間の完全支配関係がある法人相互の関係をいう。

人税制[25]が適用される。その結果、事業会社からの受取配当金に対し、法人税は課税されない。

---

[25]　グループ法人税制とは、完全支配関係にある法人グループを一体の法人とみなして課税が行われる制度を言う。

## 例題 4 - 2 - 4

　正しいものに○、誤っているものに×を付け、その理由を説明しなさい。

① 　持株会社の設立により、持株会社が保有する事業会社株式の株価抑制の効果は期待できない。

② 　持株会社が傘下の企業に資金を貸し付ける場合、当該貸付金額によっては資産構成の変化を通じて株式保有特定会社の基準を外れる可能性がある。

③ 　持株会社にオーナーが保有する株式を売却する際に適用される税率（所得税（復興特別所得税を含む。）、住民税の合計）は20.42％である。

④ 　代物弁済により借入金を返済する場合、帳簿価額により譲渡したものと捉えられるため、譲渡益は生じない。

⑤ 　役員報酬を減額して経営者からの借入金の返済原資とする場合がある。

## 解答・解説

① 　×　持株会社設立後、持株会社が保有する事業会社の株価が上昇することによって生ずる事業会社株式の含み益に対して法人税等相当額37％を控除して純資産価額を評価することで、その分持株会社の株式評価の上昇が抑制され、節税効果が期待できる。

② 　○　問題文の通り。

③ 　×　譲渡益に対し20.315％（所得税15.315％（復興特別所得税を含む。）、住民税 5 ％）の税率が適用される。

④ 　×　代物弁済は資産を時価により売却したものと捉えられるため、時価が帳簿価額を超える場合にはその差額が売却益となり、法人税の課税対象となる。

⑤ 　○　問題文の通り。

# 第5節　その他の主要な対策

## 学習ポイント

●役員退職金に関する税務、法務の知識・取扱いを知る。

●生命保険を活用する場合、保険商品の特徴を理解し、税務や財務面にも配慮して対策を検討することを理解する。

●事業承継税制について理解する。

●事業承継税制のメリット・デメリットを特に後継者に対し説明し、活用の適否について確認する重要性を理解する。

## 【1】　役員退職金

　退職金（退職慰労金）とは退職を事由として支給される給与で、法人の役員および従業員の退職前における役務提供に対する対価として支払われるものをいう。役員に対する退職金は、一般的にその法人の役員退職慰労金規程にしたがって算出した金額につき、株主総会による決議を経たうえで支給される点において、一般従業員に対するものと大きく異なる。

　加えて支給する金額が不相当に高額でないことが、法人税法上の損金算入要件となっている。ここでいう、「不相当に高額」な金額の判定要素は、その役員の業務に従事した期間（勤続年数）、退職の事情、その法人と同種の事業を営む法人で事業規模が類似するものの役員の退職給与の支給の状況等に照らし、その退職した役員に対する退職給与として相当であると認められる金額を超える場合のその超える部分の金額とされている。

　また、退職所得に係る所得税は他の所得と比較して優遇されており手取り額が多くなるため、金銭を得るには有効な方法といえる。相続財産の大部分が自宅などの土地建物や自社株式、事業用資産といった換金性の低い資産の場合には、役員退職金を相続税の納税資金に活用することが可能となる。また、同族会社経営者が被相続人の場合の相続において、退職金を活用し自社株式を相続する相続人（事業承継者）以外の相続人に対して金銭を相続させることで、事業承継者との公平性を保つことも可能となる。

## 1　役員退職慰労金の取扱い

### (1)　役員退職金規程の作成ポイント

役員退職慰労金規程を事前に作成する際、法人税法上損金算入が認められる金額を計算式により算出するケースが一般的である。

---

(役員の最終報酬月額×勤続年数×功績倍率) ＋特別功労金[※]

[※]特別功労金は税務上の過大退職金の判定の別枠とはならないことに留意が必要。

---

適正額の算定方法については、平均功績倍率法、1年当たり平均額法、最高功績倍率法のいずれかが用いられることが一般的と言われている。いずれの方法も国税庁が計算する際に用いるもので、納税者サイドはこれらの情報を入手することは難しく、仮にデータを入手できたとしても、国税庁側と同様の計算を行い「適正額」を算定することも極めて難しい。

納税者サイドの実務的な対応としては、上記算式（**功績倍率**は、役位別の係数を使用）によって計算することが一般的といえる。

### (2)　弔慰金の取扱い

会社から**弔慰金**等の支給があった場合は、明らかに退職金に該当すると認められるものを除き、業務上の死亡の場合は、「役員報酬の額の3年分」、業務上の死亡でない場合は「役員報酬の額の半年分」までは相続税の課税対象とならないが、当該金額を超える部分の金額が、相続税の課税対象である退職手当金等として取り扱われることとなる。

### (3)　会社法上の手続

退職金は、職務執行の対価の一部と位置付けられ、上記の会社法の規定に定める「取締役の報酬、賞与その他の職務執行の対価として株式会社から受ける財産上の利益」に該当する。退職金を支給するためには定款の定めまたは株主総会の決議が必要となるが、実務上定款で退職金を定めることはまれであり、一般的には株主総会の決議によって決定する。

### (4)　退職金に係る所得税・住民税の計算

死亡退職金は、みなし相続財産として相続税が課税されるが、非課税枠があり納税資金の確保に有効である。一方、生前に退職金を受け取る場合は、退職所得に係る所得税に一定の優遇規程が設けられている。

生前に役員が受け取る退職金は、退職所得として所得税の課税対象となる。退職所得は、勤続年数に応じて退職所得控除があること、所得金額は所得控除後の2分の1の金額となること、他の所得と分離して課税されることなど、他

の所得と比較して優遇されている。

　退職所得の計算方法は、次のとおりである。


■退職所得

退職所得$^{(※1)}$の金額＝（収入金額－退職所得控除額$^{(※2)}$）× 1 ／ 2

（※1）　退職所得の金額が、「特定役員退職手当等」に該当する場合には、退職金の額から退
　　　　職所得控除を控除した金額が退職所得の金額となり、2 分の 1 課税はされない。した
　　　　がって、特定役員退職手当等と一般退職手当等の両方がある場合は、退職所得控除額
　　　　を特定役員退職所得控除額と一般退職所得控除額に区分して計算する必要がある。**特
　　　　定役員退職手当等**とは、役員勤続年数が 5 年以下である人が支払を受ける退職手当等
　　　　のうち、その役員勤続年数に対応する退職手当等として支払を受けるものをいう。な
　　　　お、役員等以外の者としての勤続年数が 5 年以下である者に対する退職手当等（短期
　　　　退職手当等）につき、退職所得控除額を控除した残額のうち300万円を超える部分に
　　　　ついても 2 分の 1 課税はされない。
（※2）　退職所得控除額
　　　　勤続年数≦20年　40万円×勤続年数（80万円未満は80万円）
　　　　勤続年数＞20年　800万円＋70万円×（勤続年数－20年）

　退職所得は、原則として他の所得と分離して所得税を計算する。なお、退職
金の支払の際に「退職所得の受給に関する申告書」を提出している人について
は、退職所得金の支払者が所得税額等を計算し、その退職手当等の支払の際、
退職所得の金額に応じた所得税額が源泉徴収されるため、原則として確定申告
は不要となる。一方、「退職所得の受給に関する申告書」の提出がなかった人
については、退職金等の支払金額の20.42％の所得税等が源泉徴収されるが、
受給者本人が確定申告を行うことによって所得税等の精算を行うこととなる。

　なお、住民税については、計算方法は基本的に所得税の計算と同様で、税率
は10％で計算される。

### (5)　役員退職金支給と株価評価との関係

### ①　生前に役員退職金を支給する場合

　一般的に、役員退職金を支給することによって、非上場株式の評価額が引下
げられると言われているが、その仕組みについて説明する。

　役員退職金を支給すると、類似業種比準価額を算出する際に用いられる 3 つ
の要素、「配当」「利益」「純資産価額（帳簿価額）」のうち、「利益」および「純
資産価額（帳簿価額）」の要素に影響を与えることとなる。特に、役員退職金
は支給額が大きくなるため、一般的に「利益」の要素は、支給しない場合に比
べて著しく低い数値になる。これによって、評価額が下がることが多い。「純
資産価額（帳簿価額）」の数値についても退職金支給に際して実際にキャッシュ

アウトすることで減額が見込まれる。

　純資産価額についても、上記類似業種比準価額の「純資産価額（帳簿価額）」同様の理由により数値が減少する。

　したがって、役員退職金の支給により類似業種比準価額および純資産価額の両方を引き下げる結果につながることが多い。

② 　死亡退職金を支給する場合

　死亡退職金の支給によっても、純資産価額を引き下げることが可能である。純資産価額では、評価される会社の「純資産（総資産－負債）」に基づき評価額を算出する。相続発生後であっても、相続人等に支給することが確定した死亡退職金は、株式の評価上負債（未払退職金）として計上することができるため、結果として評価額が下がることとなる（類似業種比準価額については死亡退職金を支給しても、株価算定の基礎となる、直前期の利益、純資産価額に影響しないため、評価額は変わらない）。

　なお、死亡退職金を支給することによって、非上場株式の評価額引き下げの実現だけでなく、相続人等にとっては、相続税の納税資金として役立てることも可能となる。

## Column 4-2-10

### 分掌変更に伴う退職金の支給が税務上認められる要件

　**分掌変更**による退職金の支給の重要ポイントは、「退職」という行為につき、形式要件と実質要件のすべてをクリアできているかである。

#### 【例】12月決算法人の代表取締役が取締役に分掌変更した場合

| 要件（形式要件・実質要件） | 実施のポイント |
|---|---|
| 株主総会・取締役会の決議（形式）代表取締役および取締役の辞任・退職金支給等の議案⇒20〇〇年3月20日定時株主総会 | ・3月20日退任→株主総会で決議し、辞任登記手続が必要。<br>・役員は雇用契約でなく委任契約。そのため、3月の支給に日割り計算の概念はない。 |

| 分掌変更後の業務内容（実質）<br>・会社の経営の主要部分に関与していないことを客観的に証明できるか<br>→「助言」「支援」程度の関与となるかがポイント | （実際の税務調査等に基づく対策例）<br>・稟議書、報告書等の書類への捺印、決裁のサインはしない。<br>・財務（資金・予算）・人事関係の判断・査定への直接的な関与はしない。<br>・対金融機関や取引先へは代表者交代の通知を行う。HPや会社案内の組織図の変更を実施。<br>・金庫の鍵・小切手帳・手形帳の管理等、社長が主で行ってきた業務について、新社長や他の管理職へ権限を委譲する。 |
|---|---|
| 相応の待遇調整（出勤日数の減少）<br>（形式） | ・常勤→非常勤の場合、おおむね週 1 〜 2 回程度にする。<br>・執務場所を変更する。 |
| 相応の待遇調整（経費の使用）<br>（形式） | ・交際費、旅費等の使用頻度を極力少なくしないと、税務否認のリスクがある。退職後の出張は取扱いに注意が必要。 |
| 役員報酬の改定（50％以上カット）<br>（形式） | ・他の取締役とのバランスを考慮する。<br>・直前の報酬の増額・減額の状況を確認する。 |
| 退職金の支給方法（一括か分割か）<br>（形式） | ・分割払いは認められるが、**1 〜 2 年以内の支払い**がおおむね限度と考えられる。<br>　原則（確定日基準）<br>　株主総会の日⇒未払の場合、損金経理が必要。<br>　例外（支給日基準）<br>　支給日⇒支給と損金経理が必要。 |
| 役員退職金規程の作成（形式） | ・規程の整備が必要<br>　支給根拠を示す資料の 1 つとするため。<br>・過去の役員に支給した退職金とのバランスを考慮する。 |

役員退職金が否認された場合

＜会社側＞

・役員退職金→賞与とみなされ、全額損金計上（費用化）できない。
（法人税等の増加）

・役員退職金ではなく、給与としての所得税等の源泉徴収が必要となる。
（源泉徴収不足）

＜役員側＞

・退職金としての取扱いがなくなり、給与として他の所得と合算したところで確定申告が必要となる。
（修正申告が必要、大幅に税額がアップする可能性あり）

## 2　役員退職金の財源

### ⑴　生命保険金を活用し財源にする場合

　生命保険契約には様々な種類の商品があるが、死亡保険金は納税資金の確保に有効である。また、法人契約の場合には会社の株価の引下げに有効なものもある。ここでは、主に法人契約の保険契約につき、契約期間中の税務上の取扱いを確認する。

### ①　法人契約の場合の特徴

　法人が経営者を被保険者として生命保険契約を締結した場合に受け取る死亡保険金は、相続人の納税資金の財源として活用できる。例えば、相続人が納税資金の確保のために相続した自社株式を法人が買い取る場合や、相続人へ死亡退職金や弔慰金を支給する場合の財源として活用することができる。

　また、保険料の損金算入割合が高い生命保険契約を活用すれば、損金となる保険料が社外流出するため、株式評価上、純資産価額や類似業種比準価額を引き下げる効果がある。生命保険の本来の目的は、万が一の時の遺族の生活保障ではあるが、一方で株式評価・会社キャッシュフロー対策にも有効である。

### ②　主な保険の種類

　後述のとおり法人税法上、生命保険で支払う保険料については、損金算入できるものと資産計上すべきものとに大別される。株式評価上、純資産価額や類似業種比準価額を引き下げる効果があるのは、保険料を**損金算入**できるものである。その効果が期待できる代表的な保険商品は次のとおりである。

### a　定期保険

　定期保険とは、保険期間内に被保険者が死亡した場合等に保険金が支払われるもので、満期保険金はない。

　法人契約における「定期保険の保険料」は、原則として期間の経過に応じて損金になる。

**図表4-2-13　法人契約の定期保険（被保険者：役員または従業員）の税務関係**

| 死亡保険金の受取人 | 保険料 |
|---|---|
| 法人 | 全額経費（損金）[※1] |
| 被保険者の遺族 | 全額経費（損金）[※1] [※2] |

（※1）　定期保険は養老保険とは異なり、原則として掛け捨てで貯蓄性のない保険であるため、定期保険の支払保険料は損金算入されるが、保険料に相当多額の前払部分の保険料が含まれる場合は、一定の金額を資産計上する場合がある。詳細は図表4-2-14を参照。

（※2）　特定の役員および従業員のみを被保険者とする、あるいは受取人として契約する保険については、これらの者に対する給与として所得税が課税される可能性がある。

　なお、税制改正に基づき2019年7月8日以後の契約のうち、前払部分の保険料が極めて多額となると認められる最高解約返戻率[26]が85％超の定期保険契約および第三分野保険[27]について、資産計上額の累積額が前払部分の保険料の累積額に近似するように税務処理するなど、最高解約返戻率に応じてより高い割合で資産計上することとなった。

　**最高解約返戻率**の区分に応じた具体的な資産計上のルールは次の図表のとおり。

**図表4-2-14　支払保険料の経理処理**

| 最高解約返戻率 | 資産計上期間 | 資産計上額 | 取崩期間 |
|---|---|---|---|
| 50％以下 | ― | 全額損金のためなし | ― |
| 50％超70％以下 | 契約日から保険期間の当初の4割に相当する期間まで | 当期支払保険料の40％[（※）] | 保険期間の3/4相当期間経過後から保険期間満了まで |
| 70％超85％以下 | | 当期支払保険料の60％ | |
| 85％超 | ①から③のいずれかの期間<br>①　契約日から最高解約返戻率となる最も遅い期間まで<br>②　①の期間経過後において「解約返戻金の増加分÷年換算保険料相当額」が7割超となる期間がある場合は、契約日からその最も遅い期間まで<br>③　①又は②の期間が5年未満の場合は、5年間（保険期間が10年未満の場合は、保険期間の1/2の期間） | ・契約日から10年目まで最高解約返戻率×0.9<br>・契約日から11年目以降解約返戻率×0.7 | 解約返戻金額が最高となる最も遅い期間（左記③に該当する場合は③の期間）経過後から保険期間満了まで |

（※）　被保険者一人あたりの年換算保険料相当額が30万円以下となる契約は、全額損金算入が可能。

#### b　養老保険

　**養老保険**や終身保険は資産性が高く、法人契約の場合には資産計上しなければならない。ただし、役員・従業員の全員が加入する一定の要件を満たした福利厚生制度としての性格を持つ養老保険については、支払保険料の2分の1を

---

[26]　保険期間を通じて解約返戻率（保険契約時において契約者に示された解約返戻金相当額について、それを受けることとなるまでの間に支払うこととなる保険料の額の合計額で除した割合）が最も高い割合となる期間におけるその割合をいう。

[27]　がん保険、医療保険、介護保険、長期障害保険などをいう。

損金算入することができる。

　この養老保険は「福利厚生プラン」といい、保険契約者は法人、満期保険金は法人が、死亡保険金は遺族が受け取る契約で役員・従業員全員を対象とする保険をいう。一般的には、①契約の継続性、②普遍的加入、③福利厚生規程の作成と保険金額の設定が、損金算入のポイントとなっている。

　役員・従業員を被保険者とする法人契約の養老保険の課税関係は、保険金の受取人（法人か被保険者かなど）と支払う保険料の種類（主契約保険料か特約保険料か）によって異なる。

**図表4-2-15　法人契約の養老保険（被保険者は役員または従業員）の課税関係**

| 保険金受取人 | | 主契約保険料 |
|---|---|---|
| 死亡保険金 | 満期保険金 | |
| 法人 | 法人 | 資産計上 |
| 被保険者の遺族 | 被保険者 | 被保険者への給与 |
| 被保険者の遺族 | 法人 | 1/2資産計上 |
| | | 1/2経費（損金） |

　養老保険は貯蓄性が高いことから、満期保険金の受取人が法人であれば、法人による預金という性格と大差がないため、支払保険料の全部または一部は損金にはならず、「保険積立金」といった勘定科目にて資産計上することが原則的な取扱いとなる。

　なお、特定の役員および従業員のみを被保険者とする、あるいは受取人として契約するような保険については、単純に損金算入することはできず、これらの者に対する給与として所得税が課税される可能性があることに留意する必要がある。

c　**終身保険**

　役員や従業員を被保険者とする法人契約の**終身保険**の取扱いにつき、法令・通達には明記されていないが、定期保険や養老保険の取扱いを踏まえ、一般的には次のとおりである。

**図表4-2-16　法人契約の終身保険（被保険者は役員または従業員）の課税関係**

| 区分 | 死亡保険金の受取人 | 主契約保険料 |
|---|---|---|
| 普通終身保険 | 法人 | 資産計上 |
| | 被保険者の遺族 | 被保険者への給与 |

　終身保険については、最終的に保険金を受け取ることができるいわゆる貯蓄性を有する保険であるため、法人が保険金受取人であれば、支払保険料は保険積立金と言った勘定科目で資産計上すべきと考えられる。

### ⑵　確定拠出年金401Kや株式報酬制度を活用し財源にする場合

　通常役員に対する退職金は高額になる場合が多いため、その資金を法人が一定期間をかけて準備しておかなければならない。そのため、保険料が損金になり退職金の支払原資も確保できる生命保険に法人が加入することが有効な方法として一般的ではあるが、近年では確定拠出年金の普及、業績連動や株価連動によるインセンティブ報酬制度の広がりとともに、退職時に給付する株式報酬制度の導入も広がりを見せつつある。

　**確定拠出年金**は老後資金の形成を目的とした制度で、従来の退職金制度だけでは老後資金として十分な保障機能が果たせないことを担保するために浸透してきた制度である。退職金の場合、会社が全額資金調達する必要があるのに対し、確定拠出年金の場合には会社（企業型DC）・個人（個人型確定拠出年金iDeCo）による積立、または会社と個人が共同で積み立てることが可能である。会社が倒産した場合などの万が一に備え、確定拠出年金制度を併用することで、社外（個人口座）積立により退職金の資金を会社資産から切り離して管理することができる。

# Column 4-2-11

## 株式報酬制度

　中長期的な業績と連動する報酬として広がりを見せているのが株式報酬制度である。株式報酬制度といっても、様々な制度があるが、主な制度としては、ストック・オプション、リストリクテッド・ストック、ファントム・ストック、株式交付信託などが挙げられる。

　このうち、最も馴染みが深いのはストック・オプションだが、中長期の企業価値向上に対応する役員報酬プランの導入を促すために経産省が提案する特定譲渡制限付株式[28]もある。

　株式報酬制度のうち、株式交付信託は、後述の通り2017年の改正によって取扱いが変更されたため、注意が必要である。

　株式交付信託は、受託者である信託銀行が、委託者である法人から信託された金銭等を原資として市場から自社株式を購入し、役員に自社株式を付与する取引をいう。この制度を導入するのは基本的には上場企業だが、これは上場企業にとって役員が株式を処分するタイミングでインサイダー取引規制の懸念が生ずることが多いためである。株式交付信託は、このような懸念を避けながら、インセンティブとしての自社株式の管理・交付を行うことができる点にメリットがあると考えられていることから、導入する企業が増えてきている。

　特に、株式交付信託の中には、役員の退職時に退職金として交付するタイプのもの（「退職時給付型」という）があり、その交付株式に係る費用は、不相当に高額な部分を除き、原則として退職給与として取り扱われる。なお、この「不相当に高額な部分を除く」こととなったのは、2017年の改正に伴うものであり、改正後は退職給与のうち、業績連動給与に該当するものについては、一定の損金算入要件を満たす必要があるので注意が必要である。

---

[28]　詳細は「「攻めの経営」を促す役員報酬」（経済産業省2021年6月7日）を参照。

---

Column 4-2-12

# 法人の保険契約を名義変更する場合の税務上の取扱い
## （所得税基本通達）

　相続税の納税資金確保、あるいはオーナー社長の自社株を相続時に確実に後継者に引き継ぐために、法人契約の保険契約につき、退職金の全部または一部として保険契約を現物支給し、個人契約に名義変更することがある。ここで言う法人から個人への名義変更とは、単に保険契約者の名義を変更するということではなく、保険料の負担者および契約者が個人である生命保険金の受取人はその契約者の 3 親等以内親族を指定する必要があるため、契約者・保険料負担者・保険金受取人を変更する必要がある。

　なお、2021年 6 月25日、国税庁より「保険契約等に関する権利の評価」について改正通達が公表され、生命保険契約を法人から個人に名義変更する際の評価方法が見直された。従来、法人から個人に名義変更する際の経済的利益については、一律「解約返戻金相当額で評価（時価額評価）」していたが、この評価額を解約返戻金が資産計上額の 7 割未満の場合は「資産計上額で評価する」こととされた。

　この改正は、2019年 7 月 8 日以降に締結した定期保険または第三分野（医療保険やがん保険など）の保険契約で、いわゆる解約返戻金が資産計上額の 7 割以下となる「低解約返戻タイプの定期保険・逓増定期保険」が主な対象となっている。2021年 7 月 1 日以降に名義変更するものから適用されており、法人から個人および法人から法人に名義変更する際には注意が必要である。

## 【2】　事業承継税制

### 1　事業承継税制[29]とは

　通常、非上場企業の株式は、相続税法上、財産評価基本通達に基づき一定の方法に従って評価額を算定し、その評価に基づいて相続税・贈与税を計算する。したがって、現経営者から後継者へ贈与により株式を承継する場合、譲り受けた後継者に対して、贈与税がかかる。また、現経営者から後継者へ相続、遺贈

---

[29]　事業承継税制に関する詳細は、中小企業庁ウェブサイト「財務サポート「事業承継」」
　　参照。

または死因贈与契約により株式を承継する場合にも、相続人である後継者に相続税がかかる。上場株式とは異なり、非上場企業の株式は会社の財産状況が直接的に株式価値に反映されるのが一般的であるため、その評価額が高額になることが多く、また不動産と同様に換金性の低い財産であるため、納税資金の準備が大きな負担となることが多い。

　上記を背景に、事業を引き継ぐ後継者の負担を軽減し、円滑な事業承継を行うことができるよう事業承継の際の相続税・贈与税の納税猶予および免除の制度（以下「事業承継税制」という）が設けられた。

　事業承継税制とは、後継者が都道府県知事の認定を受けた非上場企業の株式等を先代経営者から相続または贈与により取得し、その会社の経営を継続していくときには、一定の要件下で、贈与税・相続税の納税が猶予・免除されるものである。

### (1)　事業承継税制とは―贈与税・相続税

【贈与税】

　先代経営者からの贈与により、後継者が取得した非上場企業の株式に対応する贈与税の納税が猶予および免除される。

【相続税】

　先代経営者からの相続または遺贈により、後継者が取得した非上場企業の株式の相続税の納税が全部または一部猶予および免除される。

### (2)　承継のイメージ

　a　先代経営者から後継者へ株式を贈与

　　⇒(i)　贈与税の納税が猶予される

　b　先代経営者に相続が発生

　　⇒(ii)　(i)で猶予された贈与税が免除される

　　　(iii)　後継者は先代経営者から相続により株式を取得したものとみなされる（この場合、相続税を計算する際に用いる自社株の価額は、贈与時の価額を引き継ぐ）

　　　(iv)　一定の要件を満たす場合、相続税の納税が猶予される

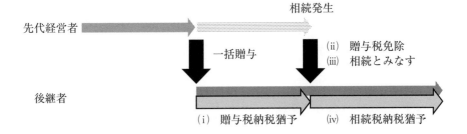

## 2　事業承継税制の主な要件

　この税制の適用を受けるための要件は、次のとおりである。

### (1)　会社の主な要件

　**経営承継円滑化法**の認定を受けた会社で、贈与・相続の時において次のすべての要件を満たしていること（抜粋）。

【贈与税・相続税共通】

　　・中小企業者であること

　　・上場会社、風俗営業会社でないこと

　　・従業員が 1 人以上であること

　　・資産保有型会社等に該当しないこと

　　・後継者以外の者が拒否権付き株式を保有していないこと

### (2)　先代経営者の主な要件

【贈与税・相続税共通】

　　・会社の代表者であったこと

　　・相続等の直前に、現経営者と現経営者の親族等で総議決権数の過半数を保
　　　有し、これらの人の中で筆頭株主であったこと

【贈与税】

　　・贈与時に、対象会社の代表権を有していないこと

### (3)　後継者[30]の主な要件

【贈与税・相続税共通】

　　・相続開始時または贈与時において、後継者と後継者の親族等で総議決権数
　　　の過半数を保有し、原則としてこれらの人の中で筆頭株主であること

【贈与税】

　　・贈与時に18歳以上、贈与直前において 3 年以上役員であり、代表者である

---

[30]　親族外の後継者も本税制の適用対象となる。

こと

【相続税】

・相続開始直前に役員であり、相続開始から5か月後までに代表者であること

## 3　事業承継税制の適用の手続

適用を受けるための手続は次のとおりである。

| 承継計画の策定 | 相続・贈与の実行 | 都道府県へ認定申請 | 税務署へ申告 |
| --- | --- | --- | --- |

➤会社が策定し、認定支援機関（商工会、商工会議所、金融機関、税理士等）が所見を記載。

※「承継計画」とは、当該会社の後継者や承継時までの経営見通し等が記載されたもの。

※認定支援機関であれば、顧問税理士でも所見の記載が可能。

※承継計画が必要なのは特例措置のみ。

➤贈与の翌年の1月15日までに、承継計画を添付して申請。

➤贈与の翌年の3月15日までに、贈与税の申告書を提出（認定書の写しを添付）。

また、納税猶予期間中は次に示すように継続的な手続を行う必要がある。

| 申告期限経過後5年間 | 5年経過後 |
| --- | --- |

➤都道府県知事に対し、事業継続に関する報告を毎年提出。

➤税務署へ「継続届出書」を毎年提出。

【5年目】

➤常時使用従業員数の5年間の平均人数が認定に係る贈与時における人数の80%を下回ることとなった場合には、その理由について都道府県知事に報告し、確認を受ける必要（特例措置のみ）。

➤上記の都道府県知事の確認書は、「継続届出書」に添付する必要。

➤税務署へ「継続届出書」を3年に1回提出。

## 4　2018年度税制改正による改正点

2018年度税制改正によって、この事業承継税制について、これまでの措置（以下「**一般措置**」という）に加え、10年間の措置として、納税猶予の対象となる非上場企業の株式等の制限撤廃や、納税猶予割合の引上げ等がなされた**特例措置**が創設された。2018年1月1日から2027年12月31日までの10年間の相続または贈与については、特例措置の適用が可能となる。

特例措置（2018年度改正）と一般措置の違いは次のとおりである。

| 項目 | 特例措置 | 一般措置 |
|---|---|---|
| 事前の計画策定等 | 6 年以内に特例承継計画を提出（2024/3/31まで） | 不要 |
| 適用期限 | 10年以内の贈与・相続等（2018/1/1～2027/12/31まで） | なし |
| 対象株数 | 全株式 | 総株式数の最大2/3まで |
| 納税猶予割合 | 100％ | 贈与税：100％、相続税：80％ |
| 承継パターン | 複数の株主から最大 3 人の後継者 | 複数の株主から 1 人の後継者 |
| 雇用確保要件 | 弾力化（雇用の 8 割を満たせない理由を記載した一定の書類を都道府県に提出すれば猶予継続） | 承継後 5 年間は平均 8 割の雇用維持が必要。 |
| 事業の継続が困難な事由が生じた場合の免除 | 5 年経過後であれば、その時の評価額を再計算し、当初猶予額を下回る場合は差額分が免除される。 | なし |
| 相続時精算課税の適用 | 60歳以上の者から18歳以上の者への贈与（推定相続人以外の者も適用対象） | 60歳以上の者から18歳以上の推定相続人・孫への贈与 |

## 5　事業承継税制のメリット・デメリット

(1)　**メリット**

・非上場企業の株式に係る相続税・贈与税の全額を免除することが可能（特例措置の場合）。

・非上場企業の株式に係る納税資金の負担軽減（一般措置の場合）。

(2)　**デメリット**

・納税猶予申請時の手続の複雑さ

・納税猶予期間中の継続届出書などの提出の手間

・納税が猶予される贈与／相続税額および利子税の額に見合う担保を税務署に提供する。

・納税猶予打切り事由発生の際は、一定期間内に猶予税額全額と利子税を一括納付しなければならない。

　→納税猶予の打ち切りを回避することを優先する結果、本来行うべき会社の資本政策を実施しないなど、経営上の制約が生じるおそれがある。

## 例題 4 - 2 - 5

正しいものに○、誤っているものに×を付け、その理由を説明しなさい。

1　役員退職金
① 職務変更等で役員退職金を支給する際、税務上の損金算入要件は、「代表権を持たない役員」に職務変更を行うことのみである。
② 生前の役員退職金が損金に算入され、法人税法上の利益が引き下げられても株価が下がることはない。
③ 保険契約の中途解約金を受け取り退職金の原資とする場合、中途解約率に留意し検討する必要がある。
④ 生命保険契約の区分によらず、契約者＝法人の生命保険については保険料のすべてが損金算入できる。
⑤ 個人の退職所得を計算する際、勤務年数にかかわらず一定額の退職所得控除を適用することができる。

2　事業承継税制
① 事業承継税制の特例措置には申請期限はない。
② 本特例措置の適用の対象となる株式数の制限はない。
③ 経営承継期間中は年次報告書を毎年都道府県知事に提出する。

# 解答・解説

1　役員退職金

① ×　代表権を持たないだけでなく、形式的・実質的に退職の事実が認められねばならない。

② ×　損金算入が認められ、利益が引き下げられると株価が下がることがある。

③ ○　問題文の通り。

④ ×　保険の種類によって、全額損金算入するもの、1/2損金算入するものなどがある。

⑤ ×　勤務年数が20年以下か超かによって控除できる金額は異なる。

2　事業承継税制

① ×　特例措置は時限立法のため2018年4月1日から2024年3月31日までのみ申請可能。

② ○　問題文の通り。

③ ○　問題文の通り。

## 本章のまとめ

●事業承継について顧客をサポートする際に、まず取り組むべきことは、事業価値の源泉を把握し、その持続性を見極めることである。事業に持続性があり、後継者候補がいる場合には、親族内で継承していくための事業承継計画の策定に着手する。

●親族内承継の手法は多種多様であり、顧客のニーズに合わせてプランニングすることになるが、プライベートバンカーとしては、基本的なスキームや、税務・法務の基礎的な知識を身につけて、専門家と協働しながら顧客をサポートしていくことが重要である。

●非上場株式の評価額は、対策を検討するための前提となるものであり、原則的評価方式に加え、特定の評価会社の評価方法などもしっかりと習得する。

●自社株式の評価額が高い場合、納税資金対策が重要となる。自己株式の取得、役員退職金の支給などの代表的な手法について、メリット・デメリットを顧客に説明できるようにしておきたい。

●持株会社方式は、一般的な対策の一つであり、顧客から質問を受けることも多いので、税務上のメリットや、ファミリーガバナンスとの関係を理解しておくことが重要である。

●生命保険や事業承継税制の活用が有効なケースなど、顧客の財務状況などにあわせて提案ができるように、それぞれの対策の特徴を理解しておく。

●経営権の承継という問題と、ファミリーの資産承継の問題は、表裏一体の事項であり相互に影響するので、2つの問題を総合的に検討する視点が欠かせない。

# 第 3 章　事業の承継（親族外）

　親族外事業承継とは文字どおり親族以外の第三者へ事業や法人株式を受け渡すことである。親族以外の第三者へ事業を受け渡す理由は様々あるが、例えば、経営者が引退を考えた場合に親族に事業承継をできる者がいないこと、創業時から出口戦略の一環として第三者への事業承継を見据えていたことなどが挙げられる。親族以外の法人の役職員に株式を譲渡する「MBO」、第三者へ株式を譲渡する「M&A」、それ以外に法人内事業部門を譲渡する「事業譲渡」、事業承継目的だけではないが「合併」や「IPO」（Initial Public Offering株式公開）も考えられる。第 1 節ではMBOに、第 2 節ではM&Aに焦点を当てて解説を行う。

＜主に株式譲渡＞

| 手法 | 内容 | 摘要 |
|---|---|---|
| MBO | 現オーナー（株主）から役職員への株式譲渡。 | 株式譲渡方法や購入側での資金調達などについて検討が必要。 |
| M&A（株式譲渡） | 現オーナー（株主）から第三者への株式譲渡。 | 株式の譲渡価額、仲介者や進め方などについて検討が必要。 |

＜株式譲渡以外の手法＞

| 手法 | 内容 | 摘要 |
|---|---|---|
| 事業譲渡 | 企業が有する事業の全部または一部を譲渡する。 | 原則、ヒト、モノ、カネの移動となり、合併や株式譲渡と違い、外部契約や人員など個別交渉が必要。 |
| 合併 | 会社法上の企業結合。 | 譲渡側（被合併法人）は合併法人の株式や現金を対価として取得する。 |
| IPO | 非上場会社の株式を上場させる。株式公開とも呼ばれる。 | 自社株式を市場に公開することにより、株式売却や資金調達を行う。 |

# 第1節　MBOへの対応

## 学習ポイント

●親族外承継の基本的なスキームなどを理解する。

●MBO（親族外の役員などによる承継）の流れを理解する。

●MBO実行時のファイナンススキームの組成方法の概要を知る。

●株式売却後の社長のリタイアメントプランニングをサポートする重要性を理解する。

　MBOとはManagement Buy Outの略であり、和訳すると経営陣による買収である。企業買収の一種であるMBOには、経営陣≠オーナー（＝株主）である場合に経営陣が現オーナーから株式を引き継いで経営陣＝オーナー（＝株主）となるケースや、現経営陣であるオーナーファミリーが経営執行をノンファミリーの経営陣に引き継ぐ際に株式を譲渡するケースなどがある。また、上場会社の場合、現経営陣が市場から株式を買い取って、非上場化を行うこともある。

## 1　MBO選択のポイント

　MBOの実施を検討する際には、MBOを行うことのメリット、デメリットを慎重に検討し、最適な事業承継の方法であるかどうかを見極める必要がある。メリット、デメリットとしては、例えば、以下のようなものが考えられる。

〈メリット〉

　・従来、経営に関与していた者たちが経営執行を引き続き担うので、のれん分けに近い形で企業の理念や信条を継いでもらうことが可能になる

　・これを機にオーナー親族に分散した株式を集約するきっかけになる

　・現に経営に携わる者が新オーナーになることで、旧オーナーとは別の新たな人脈やノウハウが活用できる可能性がある

〈デメリット〉

　・新オーナーが旧オーナーのファミリーではないので、旧オーナーが支配または関与する企業グループとの取引が解消されるおそれがある

　・株式を引き継ぐための資金調達の方法について事前に検討が必要である

　・上場会社がMBOにより上場廃止となった場合、公募による新株発行という機動的な資金調達が難しくなる

## 2　MBOにおける資金調達

　経営陣がオーナー所有の株式を引き継ぐためには、株式を購入する資金が必要となる。資金調達の手段としては、(1)後継者が自分で資金を用意する場合、(2)投資ファンドと合同でMBOを行う場合、(3)銀行など金融機関が資金の出し手となる場合などがある。

### (1)　後継者

　後継者はサラリーマンである場合が多く、自己資金だけでオーナーから株式を購入することは困難である。中小企業の場合、多くは、後継者自身が株式買取りのために借入れをして資金を調達することになる。

　後継者自身が借入れをする場合、民間金融機関以外に、政府系金融機関や一部の地方公共団体から制度融資を受けられることがある。

### (2)　ファンド

　後継者が自身で調達できる資金には限界がある。このような場合に、後継者がオーナーから買い取れない株式を、金融機関を母体とする事業承継ファンドのような**ブリッジファンド**に買い取ってもらうことがある。ファンドは株式を永続的に保有することはなく、長くとも取得後10年以内にキャッシュ化することを目標にする。その場合の出口戦略としては、当該企業のIPOや、他の資本家または当該企業に株式を譲渡することなどを企図する。この出口戦略の内容および実行時期に関しては、後継者とファンドの利害関係が一致するとは限らないので、ファンドをどれだけ活用するかは慎重に検討する必要がある。

### (3)　金融機関

　銀行などの金融機関が資金調達先となる場合は、後継者には担保余力がないので、株式買取り会社（SPC：特別目的会社）を設立し、SPCに貸し出す場合が多い。金融機関はSPCに貸付けはするが、SPC自体も担保余力があるわけではないので、発行体である当該企業に保証などを求め、実質的に当該企業の信用力で貸し付けることになる。また、SPCはオーナーからの株式買取りが終わればその役割は終了することになるので、当該企業と合併などを行うことがある。その場合実質的に、当該企業が借入れをすることになり債務が増加することになるので、財務体力や将来的な発展性が見込まれないと金融機関からの借入れは成立しない。よって、後継者による、MBO後の事業計画の策定などが重要となる（ファイナンススキームについては第2章第4節【2】3「ファイナンススキーム」参照）。

### 図表4-3-1　MBOスキーム

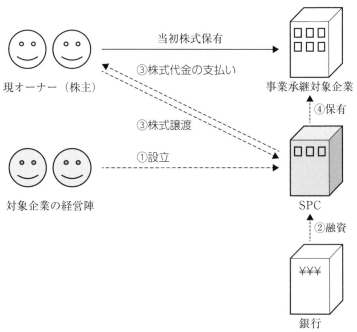

## ⑷　その他

　資金調達先ではないが、当該企業の資金を活用して、結果として、事業承継を行うことが考えられる。

　オーナーが保有する株式を自己株式として、当該企業に譲渡する。そうすれば残った株主（この場合後継者）が自動的に主たる株主となる。

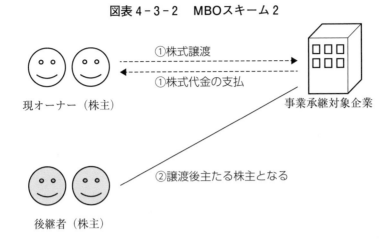

図表4-3-2　MBOスキーム2

①株式譲渡

①株式代金の支払

現オーナー（株主）

事業承継対象企業

②譲渡後主たる株主となる

後継者（株主）

　上記オーナーから発行体である当該企業に譲渡する場合は自己株式の譲渡となり、税務上、みなし配当となるケースが多く、みなし配当による配当所得は所得税法上総合課税の対象となり、累進課税となることは要注意である。

　資金調達の主な方法は上記のとおりであるが、1つの方法だけでなく、複数の方法を組み合わせることも検討する必要がある。

## 3　MBOにおける株式の移動

　非上場会社のMBOの場合、オーナーは、必ずしも1円でも高い金額で株式を売りたいと思わない場合も多い。オーナーは、自身が経営した企業が後継者によって安定的に経営されることを望み、株式もスムーズに後継者に移動したいと望んでいることが多い。

　その場合、税金問題をクリアにすることが、オーナー・後継者双方にとって有用である。税金の問題を検討するためには、非上場株式の評価方法が重要となる。

　非上場株式の移動の際の評価は、税務上は、純資産価額や類似業種比準価額、またはそれらの折衷価額が採用されることが多い。ただし、議決権の保有割合が少なく、経営に影響を与えない少数株主が取得する場合には、特例的評価方式として「配当還元価額」を用いても、税務上問題とならない場合がある（第2章第2節3「経営支配力を持つ株主等の判定」参照）。

　このように、MBOにおける株式移動については、第三者による株式評価はもとより、税務上の価額を意識してプランニングすることが肝要である。

## 4　MBO後の留意点

　MBOにおいて、成否を分けるのは、スムーズに株式移動が行えるか否かであるが、それ以外の事項にも気を配る必要がある。

　オーナー＝株主＝経営者となっているような中小企業では、その企業は経営権の保有のみならず、対外的な営業、社内人事についてもオーナー任せということがある。

### (1)　従業員のモチベーションなど社内マネジメント

　経営者・オーナーが変わったことにより、旧オーナーの求心力が小さくなる結果、従業員のモチベーションが下がり、経営に影響することが多々ある。

　そのような場合に対応するために、後継者は、常に従業員とコミュニケーションをとり、必要に応じて事業計画や財務状況などについて情報開示することにより、従来どおりの安心感を持たせることが重要となる。その後、従業員持株会を活用するのも一つの選択肢である。従業員持株会を設置することで、従業員＝株主となり、会社の業績が上がることにより持株配当をより多く得られることになる。このことにより、仕事へのモチベーションアップが期待できるといえる。

### (2)　経営者・株主変更による外部からの信用力の維持

　経営者・株主が異動することにより、金融機関での信用格付けの低下を招かないようにしなければいけない。そのためには、金融機関への経営計画や業績の報告を適時かつ適切に行う必要がある。

　取引先に対しても、従来と同様の納期管理や品質管理を徹底して、信頼関係を維持する必要がある。

　また、上記のような場合には、MBOが完了して経営権が経営陣に移動した後も、円滑な事業遂行のために、一定の期間については旧オーナーが会社顧問や相談役などの役職で数年その会社に留まることも考えられる。

### (3)　MBO後のオーナーのフォロー

　MBO（またはM&A、以下同様）完了によりリタイアとなった旧オーナーやその一族は経営者、オーナー一族ではなくなるため、それまで得ていた役員報酬や配当金収入がなくなることとなる。

　特に、MBO後は、多額の金銭を手にすることで、それまでの消費行動が大きく変わることがある。会社売却で得た金銭は、その後のライフプランを支える基礎となるものであるが、奢侈品などへの支出が増えるなどして、その後の生活に影響が出ることもある。旧オーナーやその一族に対し、適切なライフプ

ランニングを通じ、数年先、数十年先を見通した適切なアドバイスを行うことが重要である（第2編第1章第2節【3】「キャッシュフロー分析」参照）。

　また、MBO後には、経営者としての活動がなくなり社会との関わりが薄まることがある。ファミリービジネスの場合、事業の売却が一族の結束を弱めることにもなりかねない。プライベートバンカーは、事業売却後を見据え、旧オーナーやその一族の理念（ファミリーミッション）を再確認し、資産の管理・運営を一族が能動的に継続できるようにサポートしていくことが重要である（第1編第2章第1節【3】「FBを持つ一族のライフサイクル」を参照）。

　MBOが成功するようにサポートすることはもちろん、リタイアとなる旧オーナーやその一族の伴走者として、プライベートバンカーには一緒に考えフォローしていく視点が欠かせない。

## Column 4-3-1

### 事業承継税制〜他人版〜

　少子高齢化が刻々と進む日本において、高齢になった経営者が自身の引退にあたり、後継者がいないことで悩んでいる。日本政策金融公庫研究所の調査によると、2020年時点で中小企業の半数は後継者がいないため廃業予定との回答であったという。

　この事業承継問題の解決策の1つに国が創設した「事業承継税制」がある。事業承継税制とは、事業承継に関する納税が猶予される制度のことで、一定の要件を満たした形で後継者が株式を引き継ぐと、株式の引継ぎにかかる相続税・贈与税の納税猶予・免除を受けることができるものである。

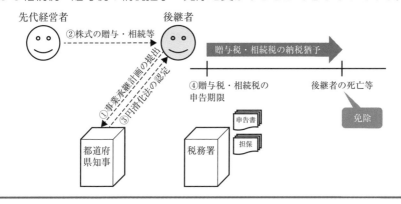

親族ではない後継者への株式の承継でも、事業承継税制の適用は可能であり、また、特例措置では、推定相続人以外の者に対しても相続時精算課税の適用が可能になったことから、次世代への円滑な事業承継のため、より一層の活用が期待される。

## Column 4-3-2

## オーナーへの資金還元の方法

　現オーナーが事業承継によりリタイアすることが決まったら、リタイア後の生活資金確保のためにも税負担についてプライベートバンカーとしてフォローしておきたい。

　事業承継により株式を売却した場合、その売却益に対して売主が個人であれば20.315％の所得税などが分離課税により課税され、法人であれば約30％の法人税が課税される。このコラムでは、オーナー所有企業が事業承継対象企業の株主である場合について解説を行うこととする。

　オーナーが株主である法人から株式売却代金相当額をオーナーに還元するには、一度法人税が課税された後の利益を配当や給与として支給することになる。また、株式売却代金の還元とは別だが、事業承継対象企業の役員などであった場合には、事業承継対象企業からは退職金を受け取ることも想定される。オーナーは、配当や給与に対しては総合課税による所得税が課され、退職金については分離課税による所得税が課されることとなる。その結果、株主がオーナー所有企業である場合にはオーナー＝株主である場合に比して法人税課税分の税負担が多く発生する結果となる。この税負担を軽減するためには、株式の売却益を減らすことが有効である。特に事業承継対象企業が非上場会社の場合には、退職金支給により株価を下げることが有効となる。

　オーナーが事業承継対象企業から退職金を受け取る場合、事業承継対象企業の会計上は確定債務としての未払退職金が計上されるか実際に退職金として支払われ費用計上されることとなる。このことにより利益が圧縮され株価が下がる結果となる。

　事業承継対象企業からオーナー所有企業が受け取る特別配当金について

は受取配当などの**益金不算入**制度により完全子会社法人の場合には全額が
オーナー所有企業の益金に算入されない。これを利用して、法人税が課税
されずに受け取った特別配当を原資としてオーナー個人へ還元する方法も
税負担を軽減させる効果がある。

　また、株式の譲渡代金の一部を特別配当によって支払うように譲渡対価
を設定することで、受取金額は変わらずに課される法人税額が少なくなる
メリットも享受する方法がある。2017年にHKホールディングス株式会社
が日立工機株式会社のTOBの際に行ったものが有名である。

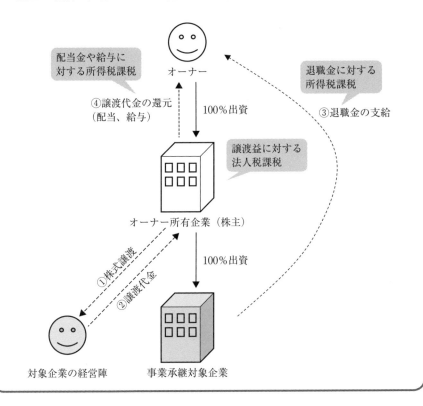

# 第2節　M&Aへの対応

## 学習ポイント

●M&A（企業合併・買収）の一般的な手順を理解する。

●後継者の状況などを勘案し、企業オーナーにタイミングを見てアドバイスすることを理解する。

●デューディリジェンス（企業価値評価に向けた調査手続）に向けた株主名簿、契約書類などの事前準備の必要性を理解する。

●メインバンク、重要取引先へ事前に通知する重要性について理解する。

●仲介業者とのネットワークを持ち、情報の管理を適切に行うことを理解する。

●会社売却後の社長のリタイアメントプランニングの重要性を理解する。

## 【1】　M&Aの手順

### 1　事前準備

#### ⑴　M&Aの意義

　M&Aは、Mergers and Acquisitionsの略称であり、直訳すれば「合併および買収」となる。

　しかし、実際のM&Aでは、複数の企業が統合されて一体となる合併や、既存の企業の株式について経営権を掌握するに至るまでの割合の株式を取得する買収といった手法の他にも、企業の事業ないし事業部門を他の企業に引き継ぐ事業譲渡や会社分割など、さまざまな手法が用いられている。したがって、M&Aとは、経済的利益を生み出す事業活動を行う財産や組織を、有機的な一体として企業間でやり取りする取引であるといえる。

　事業の経営権を第三者に引き継ぐM&Aには、従来、否定的なイメージが持たれることが少なくなかった。しかし、長年の努力により成長してきた事業の価値が、社外の第三者からも評価され受け入れられることは、現経営者にとっては喜ばしいことであるといえる。また、事業が存続することにより、従業員の雇用や仕入先・得意先などとの取引関係を維持できることにも、大きな意義があると考えられる。

#### ⑵　主なM&Aの手法

　M&Aに用いられる手法には様々なものがある。その中でも次の①株式譲渡、

②事業譲渡はよく用いられる手法であるが、③その他に、組織再編による手法が用いられることがある。

### ①　株式譲渡

　株主である現経営者（売り手）が保有している会社の株式を、後継者となる他の者（買い手）に売却する手法である。この手法によれば、会社の株主が現経営者から後継者に変更されるのみであるため、従業員との雇用関係や取引先などとの契約関係は特段の手続なく維持され、事業を円滑に承継しやすくなる。また、他の手法と比較して、株式売買契約という簡便な手続で実行できるというメリットもある。現経営者にとっては、一般的には現金化が困難とされる非上場株式を現金化して、老後の生活資金に充てることもできる。

　留意点としては、基本的に対象会社のすべての権利義務関係が維持されることから、簿外債務や偶発債務が後になって顕在化した場合には、後継者がこれらを負担しなければならなくなるリスクがあることが挙げられる。

　また、買い手においては100％所有状態を望むことが多いので、株主が多く株式が分散している場合は、売り手が事前に、株式譲渡につきこれらの多数の株主の同意を取り付けておかなくては取引が成立しない。

　多くの中小企業においては、定款で株式譲渡制限に関する規定が設けられ、株式の譲渡に会社の承認を要することとされている。承認手続には、株主総会の決議（取締役会設置会社の場合は取締役会の決議）が必要となる。

### ②　事業譲渡

　会社の事業との関連性を持ち有機的に１つの事業を構成する資産・負債を、一体として譲渡する手法である。棚卸資産や固定資産、営業に係る債権・債務といった資産・負債そのもののほか、事業の運営に必要な技術や営業に関わるノウハウ、顧客関係などの無形の財産も譲渡の対象とされる。会社が複数の事業を営んでいる場合、その全部ではなく一部のみを対象とすることも可能である。事業承継M&Aの手法として事業譲渡が行われる場合においては、売り手の会社の事業の全部が譲渡された後、解散・残余財産の分配・清算といった手続に移行することがある。事業譲渡の対価として現金を受領することにより、現経営者の退職金や、事業廃止・会社清算に伴う費用を賄うことを見越して、事業譲渡が行われることもある。

　事業譲渡では売り手の会社の権利義務関係をそのまま引き継ぐのではなく、資産・負債が個別に移転することとなるため、株式譲渡の場合とは異なり、買い手が想定しなかった簿外債務や偶発債務が引き継がれることを防ぐことがで

きる。一方、資産・負債の個別的な移転手続や、従業員との雇用契約・取引先などの第三者との契約の再締結、譲渡対象の事業に許認可が必要な場合には買い手側で改めてその許認可を取得することなどが必要となる点で、株式譲渡に比べて手数がかかる。また、譲渡対価は、譲渡対象の事業価値を適正に評価した上で決定される必要がある。

　なお、会社の事業譲渡に際し、譲渡会社においては、原則として株主総会の特別決議（当該株主総会において議決権を行使することができる株主の議決権の過半数を保有する株主が出席した上で、出席した当該株主の議決権の3分の2以上の賛成による）が必要となる。

図表4-3-3　株式譲渡と事業譲渡

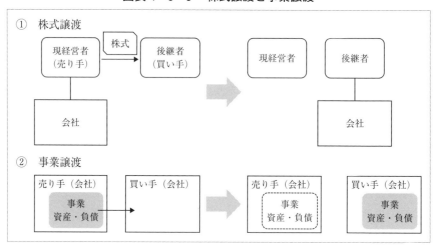

### ③　その他の手法

　ここでは組織再編によるM&Aの手法を紹介するが、これらによった場合、現経営者は対価として事業を承継した会社の株式を取得することが一般的であるため、その株式をどのように承継ないし現金化するかについては別途検討が必要である点に留意する必要がある。

　なお、組織再編による手法も、税務上は資産・負債や株式を時価で譲渡する取引となるため、原則としてその譲渡損益が法人税の課税の対象となる。ただし、一定の要件を満たすことにより、資産・負債は帳簿価額で引き継がれ、課税の繰延べが行われる。

### a　合併

会社の資産・負債・権利義務関係の全部を、他の会社と統合する手法である。合併当事会社のうち、1社が存続会社となり、他の会社が消滅（解散）する形態を吸収合併、合併対象のすべての会社が消滅（解散）して1つの新会社を設立する形態を新設合併という。合併により消滅（解散）する会社の株主は、多くの場合、その会社の株式と引換えに合併により存続する会社の株式を取得することとなる。

### b　株式交換・株式移転

いずれも100％親子会社関係を作り出す手法である。

株式交換では、完全子会社となる会社の株主が、その有する株式の全部を、完全親会社となる他の会社に譲渡し、その対価として完全親会社の新株発行を受けることにより、完全子会社と完全親会社との間に100％の親子関係を形成する。

また、株式移転では、完全子会社となる会社の株主が、その有する株式の全部を新設会社に移転させ、その対価として新設会社の新株発行を受けることにより、完全子会社と新設会社との間に100％の親子関係を形成する。

### c　会社分割

会社の事業部門の一部を切り分け、その事業に関する権利義務の全部または一部を他の会社に承継させる手法である。事業承継の局面では、優良事業を会社分割により他の会社に承継させるほか、複数の事業を分割し、複数の後継者に承継させるといったスキームにおいて活用されることがある。

### (3)　M&Aの手順

それぞれの手順の詳細については次の2「M&A実施の流れ」において説明するが、ここでは大まかな流れが把握できるように説明する。

なお、以下ではプライベートバンカーが所属する組織にM&Aの専門部署がない場合や、個人で独立開業しているプライベートバンカーが、専門家ネットワークを活用して対応する場合について説明する。（専門部署がある場合でも、一連の手続きやそのポイントをおさえておきたい。）

### ①　M&Aプロセス開始の意思決定

現経営者の親族や社内から後継者を求めることが出来ないとなると、後継者候補を外部に求め、M&Aにより事業を継続させることを検討する必要性が生ずる。

しかし、M&Aを含めた事業の引継ぎは、ほとんどの経営者にとって未経験

のことであり、具体的に何から始めれば良いのか見当が付かないことが多いと思われる。また、M&Aの対価は譲渡対象となる株式や事業の適正な時価を基準に設定されるべきであることなどを踏まえて、ビジネス以外に、法務・財務・税務といった多くの観点からの慎重な検討が欠かせない。

　プライベートバンカーは、現経営者および一族の状況、特に後継者がいない場合には、タイミングをみて、M&Aについての情報提供や検討を進める手順などについて、適切なアドバイスを行いながら、オーナーの意向を確認することが重要である。

| M&Aの手続きを進める意志決定とアドバイザーの決定 | ・M&Aを事業承継の方法として選択することを決める。<br>・支援機関等と相談しアドバイザーを決定する。 |
|---|---|
| マッチング | ・買い手候補（ロングリスト）の中から候補先を数社に絞る。<br>・ノンネームシートを使って、買い手候補へ匿名で打診。<br>・秘密保持契約を締結し、買い手へ企業概要書（インフォメーションメモランダム）を開示。 |
| 基本合意書の締結 | ・トップ同士で面談。<br>・買い手から意向表明書を受領。<br>・基本合意書の締結（買い手に独占交渉権が付与される）。 |

　事業承継の選択肢の一つとしてM&Aの可能性を考え始めたならば、まずは専門的なアドバイスを求めるために支援機関（M&A専門業者、商工団体、公認会計士、税理士、弁護士、中小企業診断士など）に相談し、意思決定の判断材料を集めることが重要である。それぞれの支援機関の特性については、後述3(1)に記載のとおりであり、アドバイスを受けたい内容に応じて適切な支援機関に依頼することが重要である。プライベートバンカーは支援機関とネットワークを持ち、顧客の要望に応えられるようにしておく必要がある。

　相談を受けた支援機関は、売り手にとって望ましいと思われる手法の検討、売り手の簡易的な企業価値評価・事業価値評価を行い、M&Aの実現可能性や概算での取引価額を検討する。

　M&Aによる事業の引継ぎが事業の継続・発展に有効であると結論づけられれば、現経営者は、M&Aプロセスを具体的に開始していく意思決定を行う。プライベートバンカーは支援機関に任せきりにすることなく案件の進捗状況をフォローし、現経営者をサポートしていく。

### ②　マッチング

　多くのケースにおいては、買い手候補のリストアップから提案といった**マッチング**の手続をM&A専門業者に依頼することとなると思われる。

　M&A専門業者は、売り手と相談しながら選定した買い手候補に接触し、**秘密保持契約**（Non-Disclosure Agreement、略して**NDA**）を締結したうえで、案件により強い関心を示した企業との間で情報交換、条件の確認を行い、M&Aのプロセスを進めていくことができるかどうかを検討する。おおむねの条件で合意に達した場合には、基本合意書を締結して、M&Aの実現の可否や最終的な条件を詳細に検討するフェーズへ移行する。

| | |
|---|---|
| デューディリジェンスの実施 | ・買い手が売り手について、ビジネス、財務・税務、法務等の面から各種調査を行う。 |
| クロージング | ・デューディリジェンスの結果に基づき、最終条件交渉。<br>・最終契約締結。<br>・代金決済、登記等の諸手続き。 |
| ポストM&A | ・売り手、買い手双方で、経営戦略、販売・仕入れ体制、労務管理、情報システム等の統合作業を実施。 |

### ③　デューディリジェンスの実施

　**デューディリジェンス**とは、主として買い手が、専門家による調査を通じて対象事業（企業）の財務・法務・ビジネス環境などについて詳細な実態を把握するために行う手続である。基本合意されたM&Aの実現の障害となるような事実がないかどうかを確認したり、最終的な取引価額の算定の基礎となる情報を入手したりといった目的で行われるが、この手続で得られた情報を基に、M&Aの実行後の事業改善に繋げられることもある。

　売り手としては、膨大な作業の中で、デューディリジェンスが滞りなく進められるよう、財務書類や重要な契約に係る文書など、デューディリジェンスを担当する専門家から求められる資料を迅速に提供し、問合せにも適時に対応することが重要である。

　以下の書類については、事前に整備しておくことが必要である。

| 種類 | 調査対象書類の代表例 |
|---|---|
| 会社全般 | 会社案内、株主名簿、従業員名簿、定款、商業登記簿謄本 |
| ビジネス | 事業計画書、組織図、商流図、取引先一覧 |
| 財務・税務 | BS、PL、キャッシュ・フロー表、総勘定元帳、固定資産台帳、借入金残高表、在庫管理表、税務申告書 |
| 法務 | 契約書、株主総会議事録、取締役会議事録、社内規程、許認可関連資料、不動産登記簿 |
| 労務 | 就業規則、退職金規定、雇用契約書、勤務管理表、賃金台帳、36協定 |

#### ④　クロージング

　デューディリジェンスを通じて把握された事項も踏まえ、基本合意書において留保されていた事項について決定するための交渉を行い、最終契約書の作成、契約書への署名を行う。その後、譲渡対価の決済、M&A実行のために必要な資産などの移転や登記の変更といった手続を実行し、M&Aの**クロージング**を迎える。

#### ⑤　ポストM&A

　M&Aが無事にクロージングを迎えた後も、形の上では一つになった組織が期待されたシナジー効果を生み出していくために、もともとは異なる背景・文化を持っていた複数の組織が真に一体となることができるような、組織の統合のための努力も不可欠となってくる。

　（M&A完了後のオーナーのリタイアメントプランなどについては、本章第1節4(3)「MBO後のオーナーフォロー」参照）

### (4)　M&Aを検討するにあたってのポイント

#### ①　早期の準備の重要性

　M&Aは売り手側の意思決定だけで実現できるものではなく、企業価値を損なわず円滑な引継ぎを行うためには、時間的に余裕のある段階から、どういった形で事業を後継者に引き継いでいくかを検討しておくことが重要となる。

　引継ぎを見据えた事業内容の整理、強みとリスクの把握に、数ヶ月〜年単位で取り組む必要のある場合もある上、売り手と買い手のマッチングには数ヶ月〜数年程度を要するケースが一般的とされる。M&A実現に向けた具体的な交渉の段階でも、事業の引継ぎのための時間的な猶予がなければ、売り手にとって望ましい条件で合意することは難しくなってくる。万が一、親族・社内のみならず、外部にも後継者を求めることができず事業を継続させることができないとの判断に至った場合には、できる限り関係者の負担の少ない形で廃業まで

の道筋を立てることも必要となる。

### ②　秘密保持・情報漏洩の防止の重要性

　M&Aの実施は事業関係者（従業員、取引先、金融機関など）に少なからず影響を及ぼすことから、不確実な情報が流出することによる不利益を回避するため、プロセスの全体を通じて秘密の厳守、情報漏洩の防止が極めて重要である。特に、買い手との間では信頼関係の構築が非常に重要であり、万一機密情報を漏洩させてしまうようなことがあれば、最悪の場合、交渉が終了してしまうおそれもある。

　M&A当事者企業としては、支援機関や交渉相手との間で秘密保持契約を締結するほか、その可否の検討や進捗については、社内の人間であってもできるだけ限られた少数の者の間でのみ情報を共有していく必要がある。

　その一方で、主要取引先やメインの金融機関に対して、どのタイミングで状況を説明するかは、案件成約に向けて極めて重要な事項となる。それぞれの取引の基本契約条件等を確認し、支援機関と相談の上、状況説明には適切なタイミングを選ぶ必要がある。

### ③　事業内容の整理、強みとリスクの把握

　現状の財務諸表の精査のほか、財務諸表には表れない事業価値（取引先とのサプライチェーン、従業員の技術・ノウハウなど）を文書化し、目に見える形

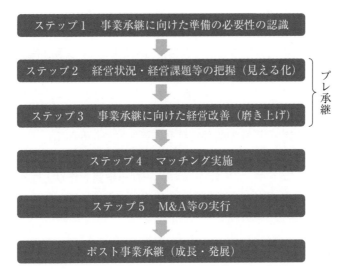

（出所）　中小企業庁「事業承継ガイドライン」、p. 31、事業承継に向けたステップを著者が一部
　　　　修正

153

にしておくことで、買い手候補に対し、譲渡対象事業の価値を効果的にアピールすることができる。

　併せてこの機会に、普段認識していなかった事業のリスク要因がないかどうかを確認しておくことも重要である。内容によっては、M&A実行前の経営改善に繋がり、事業価値の向上が期待できる。

④　希望条件の検討

　採用する手法（株式譲渡、事業譲渡、またはその他の手法によるのか）、事業譲渡の場合であれば引継ぎの対象とする事業の範囲（全部なのか一部なのか）、譲渡対価、従業員の雇用の継続といった事項のほか、M&A実行後も現経営者が対象事業に関与することを希望するかなどの条件については、相手方に受入れを求めるライン、当方が譲歩できるラインを事前に検討しておくことにより、実際に買い手候補が現れた時に、論点が明確になり、交渉を円滑に進められることが期待できる。

## Column 4-3-3

### 買い手から見た事業承継M&A

　事業承継M&Aにおいて、売り手のニーズとしては、「これまでに築き上げてきた取引関係を守りたい」、「従業員の雇用を維持したい」といったことが挙げられると思われる。こうした売り手のニーズが、そのまま買い手にとっての動機付けになるケースは少なくない。売り手が有する商圏を引き継ぐことができたり、熟練の技術やノウハウを持った従業員を買い手側に受け入れることができれば、買い手にとってはビジネスチャンスになるためである。

　比較的小規模の複数の既存企業を、事業承継M&Aにより傘下に収める持株会社を創設し、スケールメリットを活かした経営を行う会社もある。

　その他、起業を考えている個人が、一から事業を作り上げる代わりに、後継者を求める経営者の事業を引き継ぐというケースもある。

## 2　M&A実施の流れ

### (1)　支援機関との相談、意思決定

### ①　情報収集のための相談

　上述したように、現経営者にとっては、どのような形で事業を後継者に引き継ぐかの意思決定を行う判断材料として、M&Aに関して知見を有する支援機関のアドバイスを求めることが重要である。プライベートバンカーが専門家ネットワークを活用する場合、案件の内容に応じて適切な専門家と協働できるように、事前に信頼関係を構築しておくことも重要である。また、相談を行うにあたり、直近3期分程度の財務諸表および税務申告書のほか、会社案内のパンフレットなど事業の概要が分かる資料を、事前に準備しておくことがよいと思われる。

　事業承継に課題を抱える中小企業や小規模事業者に対し、助言や情報提供を行う機関として、「事業承継・引継ぎ支援センター」が全国47都道府県に設置されている。相談を受けたセンターの担当者は、M&Aの進め方に関する助言、センターに登録された各種支援機関への仲介を行う。全国にネットワークを有することで、センター間での情報共有が行われ、遠隔地間でのマッチングも可能となっている。

### ②　M&A専門業者との契約

　支援機関との相談を経て、M&Aに一定の実現可能性があるとみられ、具体的に手続を進めていくべきとの意思決定をオーナーが行った場合には、買い手候補のリストアップや交渉などの各手続を支援するM&A専門業者との契約を締結する。

　一般的に、**仲介者**は売り手および買い手の双方と仲介契約を締結し、両当事者の意思疎通が容易になるよう、またM&Aの実行における各手続が円滑に進行するようにサポートを行う。一方、**FA（ファイナンシャルアドバイザー）**は、売り手または買い手のいずれか一方と契約し、契約当事者の意向を重視し、また契約当事者の利益に繋がるサポートを行う。

　M&A専門業者への業務委託を検討する場合には、その者が仲介者またはFAのいずれの立場においてサポートを行うのか、報酬体系はどのようになっているか（着手金、月額報酬、中間金、成功報酬など）といった点を確認しておく。

## Column 4-3-4

# M&Aプラットフォーム

　M&Aプラットフォームとは、売り手・買い手のそれぞれが、インターネット上のシステムに登録してマッチングを目指すことのできるM&A支援ツールである。

　売り手については無料で登録が可能なM&Aプラットフォームも多く、マッチングのために支援機関に支払うコストの面で不安を抱える中小企業にとって、利用を検討することは有用と考えられる。また、買い手候補と直接コンタクトを取ることができ、よりスピーディに交渉を進めることも期待できる。

　ただし、ノンネームであってもこうしたプラットフォームに自社の情報を掲載することで、具体的な社名などの特定に繋がる可能性は否定できない。場合によっては、プラットフォーム外のインターネット上に情報が流出してしまうことも考えられる。そのため、M&Aプラットフォームの利用の際には、掲載する情報が万一公表されたとしても問題にならない範囲に絞られているか、精査する必要がある。

### ⑵　株式評価

　非上場企業の親族内承継においては、現経営者から後継者への会社株式の承継は贈与または相続により行われることから、その会社株式の評価は国税庁が公表している相続税評価額の算定方法による場合が多くある。

　一方、第三者に対し会社株式を売却する場合、その株式の価額は一義的に定まるものではない。売り手はできるだけ高く売却すること、買い手はできる限り低い価額で譲り受けることを希望するが、その会社の現状の財務状況、ビジネス状況、将来の成長予測などが総合的に考慮された上で、双方が合意した価額により譲渡が行われることとなる。

### ⑶　買い手の選定

### ①　ロングリストの作成

　M&A専門業者は、まず買い手候補のリストアップ（一般的には数十社程度）を行う。この段階において作成されるリストは「**ロングリスト**」と呼ばれる。売り手は、自社とのM&Aに関心を持ちそうであるなど案件の実現可能性が高

いと思われる企業を、接触先として選別していく。

② **ノンネームシートによる提案**

　M&A専門業者は、リストアップされた買い手候補に対し、売り手の名称は伏せた上で事業の概要を記載した「**ノンネームシート**」と呼ばれる提案書を示して、M&Aへの関心の度合いを測る。相応の関心を示した買い手候補（数社程度となることが多い）との間では、秘密保持契約を締結した上でより詳細な事業情報を開示することとなる。

③ **インフォメーションメモランダムの提示・検討**

　秘密保持契約を締結した買い手候補に対し、「**インフォメーションメモランダム**」と呼ばれる売り手の詳細な事業情報を提示して、M&Aが可能かどうかをより深く検討してもらう。インフォメーションメモランダムには、売り手の企業の沿革、企業概要、業績、財務情報などが記載され、買い手候補はこれに基づいてM&Aの実現可能性や期待されるシナジー効果について検討することとなる。

④ **意向表明書の提出・面談**

　インフォメーションメモランダムに基づく検討を行った上で、更にM&Aに関心を示した買い手候補には、買い手候補の概要、M&Aの条件（M&Aの形態や希望価格等）などを記載した**意向表明書**を提出してもらう。

　売り手は、意向表明書を提出した買い手候補との間で面談を行う。お互いの企業・事業に関して詳細な情報交換を行い、互いに信頼関係を構築していくことができるかどうかやM&Aの対象事業と買い手候補の既存事業との相性などを慎重に確認しつつ、実行に関し双方が提示する条件のすり合わせを行う。

⑷ **基本合意書の締結**

　売り手と買い手がお互いに検討を経て、おおむねの条件で合意に達した場合には、その時点での基本的な合意内容（採用するスキーム、譲渡予定価格、最終契約までのスケジュール、その他双方の遵守事項など）を盛り込んだ**基本合意書**を締結する。これにより、買い手には**独占交渉権**が付与され、デューディリジェンスを実施して売り手に関する専門的な調査を行い、基本合意した取引条件でM&Aを実行することができるかどうかを判断するステップに進む。

⑸ **デューディリジェンスの実施**

① **売り手の事前準備**

　デューディリジェンスにおいて、売り手は、買い手が依頼する公認会計士、税理士、弁護士、中小企業診断士といった専門家に対し、自社に関する財務情

報、主要な契約書、取引先などの営業に関する情報といった様々なデータを提供したり、専門家からのインタビューに対応したりする必要がある。

　デューディリジェンスは多くの場合、数週間～1ヵ月前後の期間で実施されるが、この期間において、売り手のデューディリジェンス対応の負担はかなり重いものになることがしばしばである。売り手は、本格的にデューディリジェンスが開始される前から、提供を求められると想定される資料を収集、準備しておくことが望ましい。

② **デューディリジェンスの種類**

a　**ビジネスデューディリジェンス**

　**ビジネスデューディリジェンス**では、売り手のビジネスモデルの把握、ビジネスを取り巻く外部環境・内部環境に基づく市場競争力の分析、事業統合によるシナジー効果の分析またはリスクの評価などを行うことにより、企業価値評価、M&A対象事業の将来計画の妥当性が検証される。

b　**財務デューディリジェンス**

　**財務デューディリジェンス**は、売り手の財務状況や収益力などの分析を通じて、M&Aの対価の妥当性や、不正な会計処理や簿外債務などリスクとなる要素の有無を確認することを目的として、主に公認会計士によって行われる。

　例えば、不良債権の有無、滞留在庫の評価、固定資産の償却状況、不動産や投資有価証券などの時価、引当金が適切に計上されているかどうかなど、資産・負債を精査する実態純資産分析が行われる。また、過去の損益計算書を基礎とする売り手の正常収益力の把握や、M&Aの実行後にどのくらいの運転資金が必要なのか検討するキャッシュ・フロー分析も行われる。そのほか、売り手の企業の会計方針に従って、適切な会計処理が行われているかどうかの確認や、簿外債務の有無、偶発債務が生じる可能性についての検討も行われる。特に、過去の税務申告が適正に行われているか、税金の追徴のリスクがないかといった項目を確認する税務デューディリジェンスが、税理士によって行われることもある。

c　**法務デューディリジェンス**

　**法務デューディリジェンス**は、M&A実行の障害となるような法的問題点や、企業価値評価、M&A実行後の事業計画、その他の経営判断に影響を与えるような法的問題点を把握することを目的として、主に弁護士によって行われる。

売り手の会社運営やビジネスが会社法や各種業法などの法令に従い適正に行われているか、M&Aの対象に許認可を要する事業が含まれている場合の引継ぎの可否、資金調達や担保・保証の状況、M&A実施後に障害となるような契約がないかなど、その検討項目は多岐にわたる。

また昨今では、ハラスメントや労働時間割増賃金支給などの労務上の問題が潜在していないかなどが重要な論点として認識されている。

### ⑹　最終契約、クロージング

デューディリジェンスを通じて発見された項目も踏まえ、最終的に選択すべき手法や譲渡対価、その他基本合意書において留保されていた事項の決定を行う。支援機関の助言を得ながら、これらの内容を盛り込んだ最終契約書を作成し、必要な内容が網羅されていることを売り手・買い手の双方が確認した後、署名を行って契約を締結する。

その後、対価の決済、M&A実行のために必要な資産などの移転や、不動産・商業登記の変更といった所要の手続を実行し、M&Aのクロージングを迎える。

### ⑺　ポストM&A

事業譲渡によるM&Aで、売り手の事業が買い手企業に受入れられた後は、譲渡対象事業のオペレーションに係る引継ぎ、買い手企業内での管理体制の構築など、事業の統合を進めていく必要がある。

このような統合作業を買い手側経営者のみで行うことは容易ではないことも少なからずあると思われる。そのため、M&A実行後においても売り手側経営者は譲渡対象事業から完全に手を引くのではなく、買い手側経営者の統合作業を支援することが望ましい。

株式譲渡によるM&Aで交代する買い手側のオーナー経営者にとっても、新しい組織のマネジメントを行っていく上では売り手側の旧経営者の支援は有効であると思われる。このような取組みはPMI（Post-Merger Integration）と呼ばれることもある。

## 3　支援機関との連携

### ⑴　M&A支援機関に求められる役割

これまで見てきたように、M&Aにおいては、買い手候補のリストアップ、マッチング、ビジネス・財務・法務など各分野に関するデューディリジェンス、取引価額決定、契約締結といった様々なステップを経る必要があり、その各ステップにおいて、特有のネットワークや専門的な知識・ノウハウを有する支援

機関の関与が欠かせない。また、支援機関といってもすべてのステップにおいて主導的な役割を担うわけではなく、それぞれの得意分野を活かした支援サービスを行うとともに、他の支援機関と連携してM&Aのステップを進めていくことが一般的である。

　プライベートバンカーがM&Aに関与する各支援機関の特性を理解し、適切に情報共有を図り、連携体制を構築することは、円滑なM&Aの遂行のために重要となる。

### ①　M&A専門業者

　売り手と買い手の仲介者として関与するM&A専門業者には、M&Aのプロセスの全体を通じて、売り手と買い手の間のマッチング・交渉に対する助言を行うことや、士業など専門家に対して適時・適切に関与や助言を求めることなど、M&A当事者企業および支援機関の連携関係が円滑に機能するための役割が求められる。

　これとは異なり、M&A専門業者が、当事者企業のいずれか一方とアドバイザリー契約を締結するケースもあり、この場合のM&A専門業者は、アドバイザリー契約の相手方である当事者企業の利益の追求を目的として関与することとなる。M&A支援機関としてM&A専門業者とコミュニケーションをとる場合には、その専門業者が、仲介者とアドバイザーのいずれの立場で関与しているのかに留意すべきであると考えられる。

### ②　商工団体など

　普段から顧客企業の経営相談に応じる機会を持っている地域の商工団体では、事業承継に関して経営者が懸念や疑問を持っていれば、早期にこれを察知しうると考えられる。また、顧客企業をはじめとする地域のビジネスとの密なネットワークを生かした助言を行うことも期待される。

　顧客企業がM&Aによる事業承継を視野に入れているならば、その準備として、事業内容の整理や、事業の強み・リスクの把握、把握されたリスク要因の改善といった、**「事業の磨き上げ」** のプロセスを経ていることが望ましいことについては、前述のとおりである。このプロセスにおいて、顧客企業と密接な関係を構築してきた商工団体の支援が有益なものとなる可能性がある。

　こうした支援と並行して、M&Aの実行に向けた具体的な手続きへとスムーズに移行することができるよう、適任と思われるM&A専門業者や士業など専門家との協力体制を構築しておくことにも留意する。

### ③　士業など専門家

公認会計士は、監査・会計の専門家として、適正な財務書類の作成や企業価値の評価に関する知見を有している。買い手にとっては、主に財務デューディリジェンスの実施を依頼する相手方となる一方、売り手の立場からは、買い手から提示される取引価額の算定方法の妥当性を検証する役割などが期待される。

税理士は、税務・会計の専門家として、税務上の観点から望ましいスキームを構築するなど、M&Aの当事者にとって不測の税負担が生じないよう検討を行う。

弁護士は、法律の専門家として、M&Aに伴って、当事者に不当な権利義務関係が生じないよう、条件交渉時の助言や契約書の精査を行う。

これらの専門家が売り手の顧問を務めている場合には、M&Aによる事業承継の準備として行われる「事業の磨き上げ」のプロセスにおいて、課題を指摘し、改善を支援するといった役割も期待される。

### (2)　情報の管理

前述の通り、M&A当事者企業としての秘密保持・情報漏洩の防止の重要性について言及したが、言うまでもなく、M&A支援機関に対しても同様に、**秘密保持・情報漏洩の防止**の徹底が求められる。

士業など専門家などは、業務に関して知り得た情報について、法律上の守秘義務を負っている。一方、M&A専門業者の業務については、一般的に規律するような法制度は存在しておらず、法律上の守秘義務があるわけではないため、関与に当たっては秘密保持契約の締結は欠かせない。

このように、秘密を保持すべき法律上の義務を課する一方、例えば、それぞれの支援機関の事務所などにおいて顧客の機密情報に対するアクセスに制限を設ける、顧客ないし支援機関同士でやり取りする情報には事前に決められたパスワードによる保護をかけるといった、情報漏洩を防止する措置を講じることも必須となる。

## 【2】　価額の算定

### 1　実質的な価額の決定方式

### ⑴　企業価値の3つの算定方法

　企業価値評価については、第1章第2節「企業価値評価」で理論的な解説がなされているので、ここでは中小の非上場企業のM&A取引の実務で、どのように取引価額が決定されるかを中心に解説する。企業価値算定の方法は3つに大別され、それぞれの方法の特徴は以下の通りである[1]。

| 類型 | 説明 | 代表的手法 |
|---|---|---|
| インカム・アプローチ | 評価対象会社から期待される利益、ないしキャッシュ・フローに基づいて価値を評価する方法。将来の収益獲得能力や固有の性質を評価結果に反映させる点で優れている。 | DCF法 |
| マーケット・アプローチ | 上場している同業他社や類似取引事例など、類似する会社、事業、ないし取引事例と比較することによって相対的に価値を評価する方法。市場での取引環境の反映や、一定の客観性に優れている。 | マルチプル法 |
| コスト・アプローチ（ネットアセット・アプローチ） | 主として会社の貸借対照表の純資産に注目して評価する方法。帳簿作成が適正で時価など情報が取りやすい状況であれば、客観性に優れている。 | 簿価純資産法時価純資産法のれん代法 |

---

[1] 経営研究調査会研究報告第32号、「企業価値評価ガイドライン」、日本公認会計士協会、2013年7月22日、p. 26

３つの評価アプローチの一般的な特徴は次表の通り[2]。

| 項目 | インカム | マーケット | コスト |
|---|---|---|---|
| 客観性 | △ | ◎ | ◎ |
| 市場での取引環境の反映 | ○ | ◎ | △ |
| 将来の収益獲得能力の反映 | ◎ | ○ | △ |
| 固有の性質の反映 | ◎ | △ | ○ |

◎：優れている　○やや優れている　△問題となるケースもある

### (2)　売り手と買い手の企業価値評価額が異なる要因

　M&Aを行う場合、企業価値の評価方法には前述の３つの方法はあるが、絶対的な評価方法というものはない。売り手側は会社をできるだけ高く売りたい、買い手側はできるだけ安く買いたいと考えるのが通常である。そのため、売り手側と買い手側で企業価値の評価額が異なる場合がある[3]。

### (3)　情報の非対称性

　M&Aを行う場合、買収先の企業の中身については、当然のことながら売り手側がより多くの情報を有している。一方で、買い手側は緊密な取引先でもない限り、売り手側の内情を全く知らないケースがほとんどである。そのため売り手側と買い手側に**情報の非対称性**が存在することとなる。

### (4)　シナジー効果について

　**シナジー効果**（相乗効果）とは、二つ以上の企業ないし事業が統合して運営される場合の価値が、それぞれの企業ないし事業を単独で運営するよりも大きくなる効果をいう。シナジー効果の種類としては、以下のようなものが考えられる[4]。

---

[2]　日本公認会計士協会、前掲脚注１　p. 27

[3]　東京都事業承継・引継ぎ支援センター、「企業価値、事業価値についての考え方」

[4]　日本公認会計士協会、前掲脚注１、p. 53

| 分類 | 内容 |
|---|---|
| 売上シナジー | クロスセリング<br>販売チャネルの拡大<br>ブランド効果 |
| コストシナジー | 営業拠点の統廃合<br>生産拠点の一部閉鎖<br>価格交渉力の強化<br>間接部門費（重複部分）の削除<br>物流コストの削減 |
| 研究開発シナジー | 研究開発投資力強化<br>技術・ノウハウの複合 |
| 財務シナジー | 他人資本調達コストの削減<br>他人資本調達余力の増加 |

　経済産業省が公表している「中小M&Aガイドライン」には、M&Aの具体的事例が紹介されている。例えば、売り手側が小規模企業であっても技術力や商圏が買い手側に高く評価されてM&Aが成功した事例や、赤字企業でも売り手側の知名度、丁寧なサービス、教育体制と人材の質が評価されてM&Aが成功した事例などが掲載されている[5]。

---

[5]　経済産業省、「中小M&Aガイドライン参考資料」、2020年 3 月31日。

## Column 4-3-5

# 「事業価値」、「企業価値」、「株主価値」

　実務においては事業価値、企業価値、株主価値など、一概に企業や株式の価値といっても様々な用語が使われている。以下において事業価値、企業価値、株主価値についての概念図を記載し、それぞれの内容について簡単に記載する。

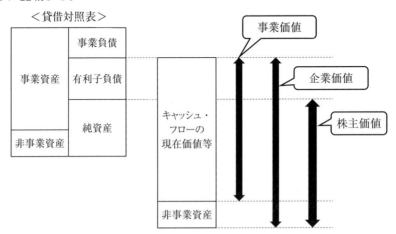

### ①　事業価値

　事業から創出される価値である。会社の静態的な価値である純資産価値だけではなく、会社の超過収益力などを示すのれんや、貸借対照表に計上されない無形資産・知的財産価値を含めた価値である。

### ②　企業価値

　事業価値に加えて、事業以外の非事業資産の価値も含めた企業全体の価値である。

### ③　株主価値

　事業価値から有利子負債などの他人資本を差し引いた株主に帰属する価値である。

（出所）　日本公認会計士協会、前掲注1、p.25を参照して筆者作成

## 2　代表的手法1…DCF法

DCF法の詳細については、第1章第2節【2】2(1)「ディスカウントキャッシュフロー（DCF）方式」で解説している。

DCF法は、実務上、その計算要素（利益計画、運転資金予測、設備投資計画、資本コストなど）の多くを見積もりや予測によって入手せざるを得ないという留意点があり、多分に恣意性が含まれる可能性があると言える。

簡単な具体例を用いてこの点を説明する。

**前提条件**

| FCFの構成要素 | 第1期 | 第2期 | 第3期 |
|---|---|---|---|
| 売上高 | 1,000 | 1,200 | 1,320 |
| 純利益 | 100 | 130 | 140 |
| 減価償却費 | 50 | 55 | 60 |
| 運転資本の増減 | 30 | 60 | 65 |
| 設備投資 | 100 | 60 | 50 |

貸借対照表残高：現預金100、有利子負債200
割引率（資本コスト）：10%

毎期のFCFと、資本コストで割引いた現在価値は次のようになる。

| | 第1期 | 第2期 | 第3期 |
|---|---|---|---|
| FCF | 20 | 65 | 85 |
| 現在価値 | 18.18 | 53.72 | 63.86 |

※FCF＝純利益＋減価償却費－運転資本増加－設備投資
　現在価値：1年目　$20 \div (1+10\%)$
　　　　　　2年目　$65 \div (1+10\%)^2$
　　　　　　3年目　$85 \div (1+10\%)^3$

FCFの現在価値の合計は135.76となるが、これは事業価値である。株式価値を求めるためには、これに金融資産（現預金100）を加算し、有利子負債200を控除する必要がある。よって株式価値は35.76となる。

この例で、FCFを下記のように見積もると、現在価値の合計は、94.97となる。

| | 第1期 | 第2期 | 第3期 |
|---|---|---|---|
| FCF | -10 | 35 | 100 |
| 現在価値 | -9.09 | 28.93 | 75.13 |

また、資本コストを5％と見積もると、現在価値の合計は151.44となる。

|  | 第1期 | 第2期 | 第3期 |
|---|---|---|---|
| FCF | 20 | 65 | 85 |
| 現在価値 | 19.05 | 58.96 | 73.43 |

　DCF法は理論的には優れているものの、例えばこれを中小の非上場企業に適用する場合には、事業計画書や設備・資金調達計画などの情報入手が難しく、将来キャッシュ・フローを見積もるのも困難であり、客観性を欠きやすい面がある。

## 3　代表的手法2…マルチプル法

### ⑴　マルチプル法の概要

　マルチプル法では、実務ではEBITDAマルチプル、PBR、PERがよく用いられる。EBITDAマルチプルの詳細については、第1章第2節【2】1⑵「マルチプル（倍率）方式」で解説している。

　ここでは財務指標と株価指標を用いて株式価値を直接的に算定する方法としてPBRとPERを説明する。

---

比較財務指標　　倍数

　　　純資産 × PBR（株価純資産倍率）＝株式価値

　　　純利益 × PER（株価収益率）　　＝株式価値

---

　PBR（Price Book-value Ratio）は株価が帳簿上の純資産の何倍か、PER（Price Earnings Ratio）は株価が税引き後利益（会計上の利益）の何倍になっているかという尺度で株式価値を算定する方法である。

### ⑵　倍数（マルチプル）の算定方法

　株式価値を算定するうえで使用するマルチプルを得るためには、まず企業データベースなどを用い、業種・業態が類似する企業を上場会社の中から選択し、それぞれについてマルチプルを計算する。

### ⑶　計算の具体例

　マルチプル法の計算方法を簡単な具体例を用いて説明する。

|  | A社（評価会社） | B社（上場企業） |
|---|---|---|
| 総資産 | 100 | 1,000 |
| 有利子負債 | 75 | 300 |
| 純資産 | 10 | 400 |
| 金融資産 | 5 | 100 |
| 純利益 | 3 | 80 |
| 株式時価総額 | － | 1,200 |

　まずB社のマルチプル（PER）を算出すると以下のようになる。

PER＝株式時価総額÷純利益＝1,200÷80＝15倍（株式価値は純利益の15倍）

　次にこれをA社の財務諸表に適用して、A社の株式価値を算出する。

株式価値＝純利益×15倍＝ 3 ×15倍＝45

　以上により、PERで算出したA社の株式の価値は45となる。同様の手順で、PBRで算出するとA社の株式の価値は30（＝10×1,200／400）となる。

## Column 4-3-6

## 類似業種比準価額

　税務上の株式価値の算出方法として、比較的規模の大きな会社に適用される「類似業種比準価額」がある。これは、国税庁が公表している株価や類似業種の利益・配当・純資産と、自社の配当・利益・純資産と会社規模に応じた斟酌割合を当てはめて株価を算定する方法である。国税庁が公表している類似業種のデータを用いることから、広義のマーケット・アプローチということが出来る。

## 4　代表的手法 3 …純資産法およびのれん代法

### ⑴　簿価純資産法

　**簿価純資産法**とは、貸借対照表の純資産が株式価値となる手法である。売り手側経営者をはじめとする関係者にとってイメージがしやすく、コストを掛けずに株式価値を算定できるメリットがある。その一方で、帳簿価額（簿価）と

時価が大幅に乖離している場合や、簿外資産・負債がある場合などは、本来の株式価値を表していないこともある[6]。

## (2) 時価純資産法

**時価純資産法**とは、貸借対照表の資産・負債を時価評価し、また貸借対照表に計上されていない簿外資産・負債（例えば、保険の解約金や退職給付債務など）も時価評価して算定した純資産を株式価値とする手法である。買い手側にとって対象企業（売り手側）の実態を把握するためには有効な手段である一方、時価の算定などにコストや時間を要するケースがある[7]。

### 図表4-3-4　簿価純資産法と時価純資産法のイメージ[8]

簿価純資産法のイメージ

1．簿価純資産の算出

| 資産 600 | 負債　200 |
| | 純資産 400 |

貸借対照表（簿価）

| 資産（簿価） | 600 |
| 負債（簿価） | ▲200 |
| 簿価純資産 | 400 |

2．株式価値の算出

簿価純資産400＝**株式価値400**

時価純資産法のイメージ

1．時価純資産の算出

| 資産 600 | 負債　200 |
| | 純資産 400 |

土地の含み損▲100
保険の解約返戻金＋20

役員退職金▲50

修正貸借対照表（時価）

| 資産（簿価） | 600 |
| 土地の含み損 | ▲100 |
| 保険の解約返戻金 | 20 |
| 負債（簿価） | ▲200 |
| 役員退職金 | ▲50 |
| 時価純資産(※) | 270 |

2．株式価値の算出

時価純資産270＝**株式価値270**

（※）　ここでの評価は事業の継続を前提にしているので、相続税法上の純資産価額の算出時のように会社清算時の含み益に対する法人税相当額を控除することはしない。

## (3) のれん代法の概要

純資産法により算定した企業価値に**のれん（営業権）**を加算して算出する方

---

6　経済産業省、前掲脚注5、p. 4

7　経済産業省、前掲脚注5、p. 5

8　経済産業省、前掲脚注5、pp. 4〜5を一部加工

法である。「のれん」とはオフバランスの資産、つまり貸借対照表に計上されていない無形資産のことで、例えば、専売する権利、ブランド価値、顧客情報、ノウハウなどがあげられる。

図表4-3-5　のれん代法のイメージ

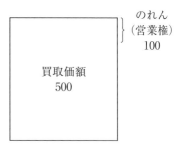

また税務上の営業権とは、通常、暖簾（のれん）、老舗（しにせ）とか呼ばれている企業財産の一種とされている。営業権の内容をなすものには法律上の特権が包含されていることもあるが、それ全体としては法律で定められた権利ではなく、いわゆる「事実に基づく財産」と言われるものである。税務上の具体的な評価方法は下記の算式[※]による。

> 平均利益金額×0.5－標準企業者報酬額－総資産価額×0.05
> ＝超過利益金額
> 超過利益金額×営業権の持続年数（原則として、10年とする）に応ずる基準年利率による複利年金現価率＝営業権の価額

（※）　税務上の評価方法とは別に、数年分の利益を加算した金額をM&Aの価額とする場合がある（年買（倍）法という）。任意の利益の種類、年数は交渉によって決まることが多い。

## 5　手数料体系

　報酬を算定する方法として**レーマン方式**は、「基準となる価額」に応じて変動する各階層の「乗じる割合」を、各階層の「基準となる価額」に該当する各部分にそれぞれ乗じた金額を合算して、報酬を算定する手法であり、特にM&A専門業者において広く用いられている。

**レーマン方式による手数料計算の具体例**[※]

| 取引金額が5億円までの部分 | 5％ |
|---|---|
| 取引金額が5億円を超え10億円までの部分 | 4％ |
| 取引金額が10億円を超え50億円までの部分 | 3％ |
| 取引金額が50億円を超え100億円までの部分 | 2％ |
| 取引金額が100億円を超える部分 | 1％ |

（※）　あくまで一例であり、各階層における価額や割合は、アドバイザリー会社や仲介業者によって異なる。

・計算例

　取引金額が12億円の場合

　5億円（～5億円部分）×5％＝2,500万円

　5億円（5億円～10億円部分）×4％＝2,000万円

　2億円（10億円～12億円部分）×3％＝600万円

　成功報酬：上記の合計5,100万円（＝2,500万円＋2,000万円＋600万円）

　また、原則としてレーマン方式によるとしても、売り手側が小規模である場合には、「基準となる価額」が小さく、十分な成功報酬を確保できないケースもあり得るため、これに備えて最低手数料を設けている仲介者・アドバイザリー会社は多い。最低手数料の金額は、各仲介者・アドバイザリー会社により異なるため、最低手数料を含めた手数料の算定方法を明確に確認しておく必要がある[9]。

---

[9]　経済産業省、「中小M&Aガイドライン」p.46

## 例題 4 - 3 - 1

正しいものに○、誤っているものに×を付け、その理由を説明しなさい。

① 株式会社Ａ社は、取締役会設置会社であり、その株式の譲渡による取得についてＡ社の承認を要する旨の定めが定款に設けられている。また、Ａ社の発行済株式は、その全部を代表取締役の甲氏が保有している。

甲氏は、保有するＡ社株式の全部を第三者の乙氏に譲渡し、代表取締役を退くことを考えているが、現状において甲氏はＡ社の唯一の株主であるため、甲氏はＡ社における特段の手続を経ることなく、乙氏にＡ社株式を譲渡することができる。

② 株式会社Ｂ社はトラック運送事業（Ｂ社の事業の全部である。）を営んでいるが、この運送事業を、隣県に所在する株式会社Ｃ社に事業譲渡することを計画している。

この事業譲渡にあたり、譲渡会社であるＢ社においては株主総会の普通決議が必要である。

③ 会社の事業の全部を譲り受ける場合、その事業に係る債権や債務は、その一切が譲受会社に引き継がれることとなる。

④ 事業承継M&Aにより、従業員や取引先が受ける影響は小さくないことから、これらの事業関係者との間では、なるべく早い段階からその計画の見通しを共有しておくべきである。

⑤ 株式会社Ｄ社は、株式会社Ｅ社の代表取締役でありＥ社株式の全部を保有する丙氏から、その株式の全部を譲り受けることを内々に合意した上で、その最終契約手続を実行するに先立って、Ｅ社のデューディリジェンス手続を専門家に依頼した。その結果、Ｅ社は取引関係者との間に紛争を抱えており、仮に訴訟に発展した場合、最大で1,500万円の賠償金の支払を命じられる可能性があることが判明した。

このような場合でも、株式譲渡の手法によるM&Aを行うことを現在の株主である丙氏と内々に合意していることに鑑み、株式譲渡の最終契約を締結しなければならない。

## 解答・解説

① × 株式会社Ａ社は取締役会設置会社であることから、Ａ社株式の譲渡に際しては、取締役会の決議による承認が必要である。

② × 譲渡会社では、株主総会の特別決議が必要である。

③ × 事業の全部の譲受の場合であっても、その事業に属する個々の債権や債務を譲受会社に引き継ぐためには、その個々の債権および債務ごとに、債権譲渡ないし免責的債務引受の手続を経る必要がある。

④ × Ｍ&Ａの条件については、最終契約の締結までに行われる交渉やデューディリジェンスの結果により変更され得る。不確定な情報が広く流出する方がＭ&Ａ当事者企業にとって有害であると考えられるため、一部の関係者を除いては、条件が確定するまで情報を共有すべきではない。

⑤ × 事業譲渡による場合、個別の移転手続を行っていない債務は譲渡会社に残ることから譲受会社が不測の債務を負担する事態を防ぐことができる。したがって、株式譲渡ではなく事業譲渡の手法によることも検討することが望ましい。

なお、デューディリジェンスによる発見事項を最終契約に反映することができるよう、基本合意書（ＬＯＩ）の締結の段階では、Ｍ&Ａの手法（ここでは、株式譲渡によること）について法的拘束力を持たせない形にするなどの対策が考えられる。

# 本章のまとめ

● プライベートバンカーは、MBOやM&Aの一連の手続きを理解し、プロセスごとに必要となる専門家の役割を認識し協働しながら、スキームの実現に向けて企業オーナーをサポートしていくことが重要である。

● MBOにおいては、後継者の資金調達がスキーム組成のポイントとなるため、基本的な持ち株会社方式などを理解し、借入金の返済原資の確保などについて早い段階から計画しておくことが重要である。

● M&Aにおいては、一連の手続きが始まると、必要な書類の準備などで、特に売り手側は多忙となる。M&Aに限らず、社内規程の整備などを行うことは会社の磨き上げとして普段から行っておくことが望ましい。また、支援機関の契約形態、手数料体系に注意し、顧客を適切にサポートすることが重要である。

● 会社売却後のオーナーは、多額の資金を手にする一方で、役員報酬や配当など定期的収入の激減、経営者としての役割を失うので、ライフプランニングなどを通じてオーナーに寄り添いながら、オーナーの次のファイナンシャルゴール実現に向けてサポートしていくことが重要である。

# 索　引

176

# 参考文献

## 第4編

石井淳蔵、栗木契、嶋口充輝、余田拓郎『ゼミナール　マーケティング入門』日本経済新聞社、2004年。

伊丹敬之、加護野忠男『ゼミナール経営学入門　第3版』日本経済新聞社、2003年。

M&A総合法律事務所、公認会計士佐藤信祐事務所『事業承継M&A実務　株式譲渡・事業譲渡・会社分割に係る契約書の逐条解説付き』清文社、2019年。

落合康裕『事業承継のジレンマ：後継者の制約と自律のマネジメント』白桃書房、2016年。

落合康裕『事業承継の経営学：企業はいかに後継者を育成するか』白桃書房、2019年。

加護野忠男『「競争優位」のシステム：事業戦略の静かな革命（PHP新書）』PHP研究所、1999年。

金井一頼、角田隆太郎編『ベンチャー企業経営論』有斐閣、2002年。

金子宏『租税法　第24版』弘文堂、2021年。

後藤俊夫編著『ファミリービジネス：知られざる実力と可能性』白桃書房、2012年。

小本恵照、尾関純『すらすら図解　M&Aのしくみ』中央経済社、2014年。

事業承継支援研究会『専門家のための事業承継入門　事例で学ぶ！事業承継フレームワーク』ロギカ書房、2018年。

中小企業庁「事業承継ガイドライン」平成28年12月。

中小企業庁「中小M&Aガイドライン―第三者への円滑な事業引継ぎに向けて―」令和2年3月。

津島晃一『お金をかけない事業承継：かわいい後継者には"個人保証"を継がせろ』同友館、2017年。

Ansoff, H. Igor. *Corporate Strategy*. McGraw-Hill Inc., 1965. (広田寿亮訳『企業戦略論』産業能率出版部、1982年)

Aronoff, C. D., S. L. Mclure and J. L. Ward. *Family Business Succession: The Final Test of Greatness*. Palgrave Macmillan, 2012.

Barach, Jeffrey A., Joseph Grantisky, James A. Carson and Benjamin. A. Doochin. "Entry of the Next Generation: Strategic Challenge for Family Business", *Journal of Small Business Management*, 1988, 26(2), pp. 49-56.

Erickson, Erik H. and Joan M. Erickson. *The Life Cycle Completed*. W.W. Norton & Company, Inc., 1982. (村瀬孝雄、近藤邦夫訳『ライフサイクル、その完結』、みすず書房、2001年)

Handler, Wendy C. "Succession in Family Firms: A Mutual Role Adjustment between Entrepreneur and Next-generation Family Members", *Entrepreneurship: Theory & Practice*, 1990, 15(1), pp. 37-51.

Hisrich, Robert D. and Michael P. Peters. *Entrepreneurship: Starting, Developing and Managing a New Enterprise*. Irwin Professional Publishing, 1989.

Kets de Vries, Manfred F. R. *Life and Death in the Executive Fast Lane: Essays on Irrational Organizations and Their Leader*. 1st edition, Jossey-Bass Inc., 1995. (金井壽宏、岩坂彰訳『会社の中の「困った人たち」上司と部下の精神分析』創元社、1998年)

Kotler, Philip and Kevin L. Keller. *A Framework for Marketing Management*, 3rd edition. Pearson College Div., 2006. (恩蔵直人監修、月谷真紀訳『コトラー＆ケラーのマーケティング・マネジメント基本論 第3版』丸善出版、2014年)

Levinson, Daniel J. *Seasons of a Man's Life*. Knopf, 1978. (南博訳『ライフサイクルの心理学＜上＞＜下＞（講談社芸術文庫）』講談社、1992年)

Linton, Ralf. *The Study of Man*. Appleton Century Crofts, Inc., 1936.

Porter, Michael E. *Competitive Strategy*. New York, Macmillan Publishing, 1980. (土岐坤、中辻万治、服部照夫訳『競争の戦略』ダイヤモンド社、1982年)

# プライベートバンキング（第3分冊）

＜執筆者＞
## ◆第4編第1章第1節
落合　康裕（おちあい　やすひろ）

静岡県立大学経営情報学部　教授

（大学院経営情報イノベーション研究科　教授）

　2014年　神戸大学大学院経営学研究科博士課程修了　博士（経営学）

　大和証券SMBC㈱、日本経済大学経営学部准教授、ポーランド・コズミン
　スキー大学客員教授などを経て現職


## ◆第4編第1章第2節
木村　哲（きむら　さとる）

明治大学名誉教授

CMA／CIIA

　1974年　早大理工学部卒　同年日本興業銀行入行

　1998年　興銀（現みずほ第一）フィナンシャルテクノロジー㈱取締役投資
　　　　　技術開発部長

　2004年4月　明治大学専門職大学院グローバル・ビジネス研究科教授
　　　　　　　日本金融・証券計量・工学学会理事
　　　　　　　日本価値創造ERM学会評議員

　2021年6月　㈱The Intellectual Bank of Japan取締役

日本証券アナリスト協会カリキュラム委員、同PB資格試験委員。

太陽グラントソントン税理士法人

代表社員　佐藤　陽一郎（さとう　よういちろう）

各種税務相談、税務戦略立案・実行から税務訴訟対応まで税のあらゆる分野においてソリューションを提供する、国際・国内税務コンサルティングの専門家集団。

＜沿革＞

　1971年1月　太陽グラントソントン税理士法人の母体である株式会社海外投資コンサルティングサービスグループ（現・太陽グラントソントン株式会社）を設立

　2002年4月　上記法人より、税務部門が移管してASG税理士法人設立（現・太陽グラントソントン税理士法人）

＜太陽グラントソントングループ／Grant Thornton＞

Grant Thorntonは、世界約140カ国・700以上の拠点に58,000人の従業員を擁し、監査・保証業務、税務関連業務、アドバイザリーサービスを提供する相互に独立した会計事務所およびコンサルティング会社で構成される国際組織。

## 新プライベートバンキング
### —プライマリーPB資格試験対応—
## 第3分冊

2023年1月31日　初版第1刷発行

編　者 —— 公益社団法人 日本証券アナリスト協会

発行所 —— ときわ総合サービス 株式会社

〒103-0022　東京都中央区日本橋室町4-1-5
共同ビル（室町四丁目）
☎ 03-3270-5713　FAX 03-3270-5710
https://www.tokiwa-ss.co.jp/

印刷／製本 —— 株式会社サンエー印刷